흔들려도 잃지 않는 주식 투자 전략

한국 주식 시장,
대세 상승기가 온다

이 책의 출판권은 (주)두드림미디어에 있습니다.
저작권법에 의해 보호받는 저작물이므로 무단 전재와 복제를 금합니다.

흔들려도 잃지 않는 주식 투자 전략

한국 주식 시장, 대세 상승기가 온다

김태영 지음

두드림미디어

● ● ●

이 책을 읽고 주식에 대한 두려움을 극복했다. 30년 가까이 직장 생활을 해오면서 주식은 언제나 신기루였다. 주식 트레이딩 앱을 깔아놓고도 직장 생활이 바쁘다는 핑계로 주식 시장에 발을 들여놓지 못했다. 바쁜 핑계 이면에는 투자에 대한 무지와 손실에 대한 두려움이 있었다.

퇴직할 날이 얼마 남지 않은 나에게 이 책은 등대지기 역할을 톡톡히 했다. 작가의 말대로라면 한국의 주식 시장은 대세 상승의 초입에 와 있다. 더 이상 망설일 시간이 없다. 더 이상 주식에 대한 두려움과 선입견 속에 내 삶을 흘려보낼 수 없다. 이 책에서 말한 대로 장기 투자자의 관점으로 시장을 해석하고 기다릴 수 있다면, 안정된 노후를 위한 최선의 방패를 보유하게 될 중요한 갈림길에 서 있는 것이다.

그동안 특정 주식 종목을 찍어주는 책은 여러 권 읽었다. 하지만 대부분 차트 위주의 이벤트를 기반으로 한 쓸모없는 정보지였다. 반대로 벤저민 그레이엄의 《현명한 투자자》, 피터 린치의 월가의 영웅 등은 특정 주식 정보가 아닌 주식 투자에 대한 철학적 관점과 태도를 풀어놓은 책들이다. 이러한 주식 투자에 대한 고전은 투자에 대한 철학과 장기적인 시장의 흐름에 대한 원리를 이해하는 데 많은 도움이 되었지만, 현실적으로 한국 주식에 이러한 원리를 대입하기에는 많은 괴리감이 있다. 나처럼 처음 주식을 접하는 의심 많은 투자 초보에게 이 책은 투자의 메커니즘과 실제 사례 두 마리 토끼를 모두 잡게 한다.

10년 전에 이 책이 출판되어 내 눈에 띄었더라면, 나의 삶은 지금의 경제 상황과 많이 달라져 있을 것이다. 당시 나에게 주식 투자는 너무나 위험하고도 어렵기만 한 투기라 생각했다. 그도 그럴 것이 주식 투자를 하는 직장인들의 모습은 불안하기 짝이 없었기 때문이다. 습관적으로 HTS 주가 변동을 확인하느라 업무에 집중하지 못하는 직원들의 모습은 안타까웠다. 낙폭이 큰 코스닥 잡주에 투자한 직원은 중요한 미팅에서도 자기 역량을 발휘하지 못했다. 급한 용무로 찾아간 직원의 모니터 한구석에 HTS가 반짝이는 모습은 오히려 자연스러웠다. 나는 이들의 성과평가를 좋게만 줄 수 없었다. 직장인은 주식을 단기로 투자하기에는 당장 처리해야 할 일들이 너무 많다. 그렇다고 월급만 믿고 있다가는 인플레이션에 저축한 돈이 녹아내리게 되니, 이것 역시 그저 보고만 있을 수는 없다. 월급만으로는 아무리 저축해도 희망이 없다. 그렇다고 고위험 투자로 피땀 흘려서 번 몇 푼 안 되는 월급마저도 잃을 수 있다. 어쩌란 것인가?

해답은 이 책에 있다. 장기 투자와 가치 투자는 데일리 트레이딩이 필요 없다. 고위험에 노출될 확률도 극히 낮다. HTS 확인하느라 중요한 업무 메일을 놓칠 일도 없다. HTS 확인은 일주일에 한 번, 한 달에 한두 번이면 족하다. 만일 고배당주에 투자한다면 주가의 작은 상승과 하락은 알 필요조차 없다. 더 이상 업무 집중력을 HTS 확인에 빼앗기지 않아도 된다. 워런 버핏(Warren Buffett)은 "주식 시장은 조급한 사람의 돈을 인내심 있는 사람에게로 옮기는 장치다"라고 말했다. 장기 투자는 손실에 대한 리스크를 최대한 줄일 수 있다.

성격 급한 젊은 직장인이라면, 단기 수익률이 높지 않음에 실망할 수 있다. 데이 트레이딩에 길든 직장인이라면 가치주의 느려터진 주가 흐름에 사리가 나올 수 있다. 단기 폭등은 반드시 더 큰 폭락을 유도한다. 투자는 당장의 수익보다 방향성이 중요하다. 저자가 말하는 것처럼 올바른 방향으로 적게라도 시작할 수 있다면 결국 승리하게 된다.

방향성이 중요한 것이지, 속도는 그다음이다. 올바른 방향이란, 결국 시간이 지나도 잃지 않는 투자를 뜻한다. 단기간의 폭발적인 수익을 좇다 보면, 오늘 상한가를 달리는 주식이 내일 휴지조각이 되어버릴 수도 있다. 시장의 흐름에 따라 모든 투자 대상은 오르내리기 마련이다. 그러나 진정한 가치가 있는 주식에 투자했다면, 시간이 지나 결국 수익으로 보답받게 된다. 장기적으로 안정적인 수익을 만들어내는 주식을 연구하고 찾아내는 일, 그것이야말로 '잃지 않는 투자'를 위한 진짜 공부다.

장기 투자 관점에서, 잃지 않는 투자 관점에서, 이 책은 최고의 해답을 제공한다. 결코 잃지 않는 노련한 투자자가 되기 위해 여러 번의 도전과 실패를 맛봐야 한다. 저자의 말대로 남들이 욕심부릴 때 조심하고, 남들이 두려워할 때 나설 수 있는 지혜를 장착한 투자자라면 불필요한 실패를 최소화할 수 있다고 믿는다.

비스트라 코리아 IT 센터 최고관리자 한금택

나는 주식 투자 전문가도 아니고, 이 분야에서 큰 성공을 거두지도 못했다. 자녀 교육, 내 집 마련, 은퇴자금 등 급여만으론 불안한 미래를 개선해보고자 많은 고민을 하며 소소한 자금으로 투자하며 살아가는 평범한 직장인 중 한 명이다. 그래서 이 책의 내용이 나에게 더 와닿았던 것 같다.

저자는 25년간 직장 생활을 하며 얻은 경험을 바탕으로, 열심히 사는 것만으로는 경제적 안정을 얻기 어렵다는 현실을 냉정하게 짚어낸다. 또한, 세상은 영화 〈설국열차〉처럼 불공평하며, 태어난 환경에 따라 이미 다른 출발선에 서 있다는 점을 인정해야 한다고 말한다. 그리고 이러한 현실 속에서 우리가 할 수 있는 일에 집중해야 한다고 강조한다.

저자는 현재의 경제 상황과 불안한 노후에 대한 고민을 함께 나누며, 투자에 대한 냉정한 시각을 제시한다. 주식 시장은 결코 만만한 곳이 아니며, 때로는 노동 시장보다 더 냉혹할 수 있다고 솔직히 말한다. 섣부른 투기 대신 치열한 공부와 연구를 통해 자신만의 확신을 가져야 어려운 시간을 견뎌낼 수 있다고 조언하며, '큰 수익을 보장한다'는 유혹의 말에 휘둘리지 말 것을 경고한다.

이 책에서 특히 인상 깊었던 부분은 고배당주 투자에 대한 저자의 철학이다. 저자는 꾸준히 고배당 우량주를 늘려가는 것이 가장 적합한 투자 방법이라고 말한다. 처음에는 미미해 보일지 몰라도, 시간이 지날수록 꽤 괜찮은 현금 흐름을 만들어 노후를 든든하게 지켜줄 자산이 된다고 강조한다. 많은 사람들이 5배, 10배 시세 차익을 노리다가 결국 실패하는 경우가 많다는 현실을 꼬집으며, 푼돈이라고 폄하하는 사람들의 말을 멀리하고 시간을 우리 편으로 삼으라고 조언한다.

이 책은 '지금은 한국 주식 시장에 뛰어들어야 할 때'라고 주장하며, 2025년 하반기부터 2028년까지 한국 주식 시장에 거품이 형성될 가능성이 있다고 예측한다. 그럼에도 불구하고, 뛰어드는 모든 사람이 돈을 버는 것은 아니며, 10명 중 1명 정도만이 성공할 것이라고 경고한다. 저자는 이 마지막 불꽃의 무대에 오르기 위해 철저히 배우고 익히되, 흥분하지 않고 야수의 심장을 품은 채 도전하라고 말한다.

저자의 주식에 대한 진심 어린 조언과 오랜 경험에서 우러나온 지혜는 나와 같은 평범한 월급쟁이 투자자에게 큰 울림을 준다. 이 책은 단순히 돈을 버는 방법에 대한 기술적인 내용을 넘어, 투자를 통해 우리의 삶과 자산을 지켜나가는 가장 현명한 길을 제시한다. 이 책을 읽는 모든 분들이 성공적인 투자 여정을 시작하고, 원하는 결과를 얻길 진심으로 응원한다.

한국 BMI 마케팅팀 김재호 팀장

●●●

'국장 탈출은 지능 순'이라는 자조적 표현은 국내 증시를 바라보는 투자자들의 부정적 시선을 압축적으로 보여준다. 해외 주식의 개인 투자는 보편화된 지 오래이며, 2025년 현재 코인 투자자는 1,600만 명을 넘어선 상황에서, 새 정부 들어 지속 상승하는 국내 주식 시장을 보면,

개미 투자자의 고민은 더욱 깊어진다. 이 책은 저자가 25년간 경험하면서 분석한 현실적이고도 합리적인 투자 전략 지침서다.

저금리, 저성장, 고령화 시대에 부동산보다 환금성이 좋고, 코인보다 예측 가능한 주식은 시대의 필수임을 누구나 알고 있다. 다만, 단타 매매나 단기 투자를 하기에는 불안하고, 워런 버핏처럼 10년 이상 장기 투자를 하기에는 녹록지 않다. 개인 투자자에게 필요한 것은 거창한 이론이 아니라, 작은 자본으로도 실행할 수 있는 실전 전략이다. 이 책은 바로 그 지점을 파고들며, 투자자가 당장 활용할 수 있는 구체적인 방법과 생존 전략을 제시한다.

WK마케팅그룹 유통 부문 디렉터 정진국 이사

●●●

저자는 수십 년간 쌓아온 경험과 날카로운 통찰을 이 책에 녹여냈다. 복잡하고 불확실한 시장 속에서도 우리가 반드시 지켜야 할 원칙과 놓치지 말아야 할 기회를 균형 있게 보여준다. 이 책은 투자 경험이 많지 않은 사람도 쉽게 공감하며 읽을 수 있는 따뜻한 안내서이며, 단순한 투자 지침서가 아닌, 삶과 재테크를 바라보는 올바른 시각을 제시해주는 귀중한 길잡이가 될 것이다. 읽다 보면 어렵게만 느껴지던 투자와 재테크가 한결 가까워지고, 나의 미래를 준비하는 용기를 얻게 된다. 든든한 동반자를 얻고 싶다면 꼭 읽어보길 권한다.

쇼핑엔티 최동환 팀장

우리가 살아가는 오늘날의 현실은 결코 녹록지 않다. 언제나 든든할 것 같던 회사도 부도나고, 개인들도 투자 손실로 빚에 짓눌려 힘들어한다. 무작정 재테크만 하면 돈을 벌 수 있는 기회가 넘치는 시대도 아니다. 옆에서 누군가는 코인으로 수십억을 벌어 은퇴했다는 소식이 들려오지만, 드라마와 영화에서나 그런 사람이 보일 뿐, 현실에서는 찾아보기 힘들다. 그럼에도 혹시나 하는 마음에 솔깃한 말에 빠져 무리하게 빚을 내다 패가망신하는 이들만 늘어간다.

투자는 다르다. 신중함과 차분함이 있어야 돈을 벌 수 있다. "나는 할 수 있다"라는 자신감만으로는 성과를 얻을 수 없다. 누군가가 추천해주는 종목을 사기만 하면 돈을 벌 수 있다는 환상부터 버려야 한다. 철저히 자기 확신을 가지고 인내하며 기다릴 줄 아는 사람만이 수익을 가져간다. 극소수만이 충분한 수익을 얻고, 대다수의 사람들은 손해를 본다. 시장의 흐름을 읽을 줄 알아야 하고, 사람들의 분위기도 관찰할 줄 알아야 한다. 또한 누군가에게 내 목숨줄 같은 돈을 맡겨서 돈을 불린다는 기대는 버리는 게 현명하다. 투자는 철저히 자신만의 외로운 싸움이다.

그러나 미래를 준비하고 노후에 대비하기 위한 투자는 현대 시대에 꼭 필요한 모습이다. 투자는 오직 내 스스로 해나가야 하는 영역이다.

철저히 자기 돈으로 투자해야 하고, 남들보다 더 오래 기다리고 인내할 수 있는 사람만이 투자로 인한 결실을 얻게 된다. 때로는 남을 흉내 내고, 따라가는 것도 필요하고 자기만의 신념, 확신 역시 필요하다.

나도, 그리고 이 책을 읽는 분들도 언제든 유연하게 대응하며 노후를, 미래를 잘 만들어나가기를 진심으로 희망한다.

기업들이 흥하고 쇠하는 것처럼, 주식 시장 역시 순환한다. 사람이 태어나 젊음을 누리고 늙어가듯, 시장도 분야에 따라 다른 흐름을 보인다. 2025년 9월 말 중국인 무비자 입국이 시행되면, 관광·면세·항공 분야에 훈풍이 불어올 것이다. 이처럼 어떤 분야가 유망하고 어떤 분야가 어려운지 꾸준히 공부하며 투자해야 한다. 특히 2025년 하반기부터 2028년 상반기까지는 한국 주식 시장의 호황기일 가능성이 크다. 외국 자본이 대거 유입되며 시장을 끌어올릴 것으로 예상된다.

K-POP에 환호하는 전 세계 인구가 늘고, 한국 여행에 관심을 보이는 사람들이 많아질수록, 관련 분야와 연계된 상품들은 매출이 늘어날 가능성이 크다. 사람들이 어디에 관심을 두고, 어느 분야를 외면하는지를 잘 살피는 것만으로도 좋은 투자 기회를 찾을 수 있다. 우리가 일상에서 접하는 수많은 것들이 결국 투자와 맞닿아 있다.

앞으로 한국 증시, 채권에도 대규모 해외 자본이 유입될 거라고 한다. 점점 한국 시장에 대한 전세계의 관심이 늘고 있다. 이러한 시기에 가만히 두고 보기보다는 트렌드와 사회 분위기를 세심하게 파악하며 투자에 나서는 것이 필요하다. 나는 진심으로 한국 주식 시장에 관심을 갖고 국장 투자에 나서보기를 권한다.

추천사	4
프롤로그	10

Chapter 1 주식을 할까 말까 고민한다

1-1	직장인으로 산 25년, 그리고 지금	18
1-2	처자식을 먹여 살리고, 노후를 걱정하고	20
1-3	충분히 안정적인 노년을 맞을 수 있을까?	22
1-4	주식 투자, 아무나 해도 되나?	24
1-5	속지 마라, 400억 주식 왕으로 불리었던 박철상 이야기	26
1-6	돈 버는 법, 제대로 배워보자고? 2030들 노예 만드는 주식 투기	29
1-7	주식 사기를 당하는 사람들을 보고	32
1-8	《내가 주식을 사는 이유》를 읽고	35
1-9	국내 증시로 되돌아와야 할지 고민하는 서학개미들	38
1-10	지금은 한국 주식 시장에 뛰어들어야 할 때	40

Chapter 2 주식 시장에 뛰어들다

2-1	한국 증시에 이로운 대형 호재들	44
2-2	앙드레 코스톨라니와 피터 린치	46
2-3	5배, 10배를 기대하고 홍콩 주식에도 기웃기웃	48
2-4	베트남 주식 시장도 들여다보고	51

2-5	미국 주식 시장에서도 길이 있나 보고	54
2-6	《주식 타짜》를 읽고	56
2-7	주식 투자, 빚투가 늘어나면, 결말은 뻔하다	58
2-8	다큐 〈벼락 거지가 될 순 없어, 2030 주식 투자 분투기〉를 보고	61
2-9	주식 시장, 개미지옥	64
2-10	길게 보고 들어가는 주식 투자 이야기	67

Chapter 3 앞으로 2025년 하반기, 2026~2028년 한국 주식 시장 대폭등

3-1	앞으로 한국 주식 시장이 뜬다	70
3-2	왜 2026년부터 2028년까지 한국 주식 시장이 오를까?	72
3-3	한국 주식 시장 폭등 이후는?	75
3-4	코스피 5,000 시대를 열기 위해 상법 개정했다	77
3-5	거짓말처럼 닮아가는 한국과 일본	79
3-6	1980년대의 일본 주식 시장을 본다	81
3-7	주식 5,000 시대가 온다고?	83
3-8	앞으로의 주식 시장은 어찌 될 것인가?	85
3-9	개미 투자자가 늘어날 것이다	88
3-10	보수적으로 깐깐하게 살아야 기회가 생길 것이다	90

Chapter 4 영원한 상승은 없다. 상승 이후 하락은 필연적이다

4-1	주가가 폭등해도 실제 수익을 얻는 사람은 고작 10%	94
4-2	흥분하면 진다. 마음 단단히 먹어야 한다	96
4-3	1997년 IMF 시절을 떠올리며 미래를 생각한다	98
4-4	추천 주식과 투자 방식에 대한 조언	100
4-5	주식 투자, 지금은 다르다고?	103
4-6	주식, 반대매매 '대학살'이 나중에 분명히 온다	106

4-7	아수라장, 반대매매, 주식 대폭락은 언제일까?	109
4-8	2030들이 빚내어 계속 주식 시장에 뛰어들면, 아직은 상승 중이다	112
4-9	유명한 사람이 나와서 주식 이야기하면 믿지 마라	115
4-10	고난과 역경을 겪고, 이겨내야 겨우 돈을 번다	118

Chapter 5 김 부장 추천 주식, 중국인들이 몰려온다

5-1	관광, 여행 관련 주식이 뜬다	122
5-2	관광·여행 : 하나투어	124
5-3	관광·여행 : 아모레퍼시픽	127
5-4	관광·여행 : 롯데관광개발	130
5-5	관광·여행 : 파라다이스	133
5-6	관광·여행 : GKL	136
5-7	관광·여행 : 강원랜드	139
5-8	관광·여행 : 대한항공	142
5-9	관광·여행 : 진에어	145
5-10	관광·여행 : 호텔신라	148

Chapter 6 김 부장 추천 주식, 지주사 주식을 사라

6-1	주가가 폭등해도 실제 수익을 얻는 사람은 고작 10%	152
6-2	흥분하면 진다. 마음 단단히 먹어야 한다	154
6-3	지주사 : SK	156
6-4	지주사 : GS	159
6-5	지주사 : CJ	162
6-6	지주사 : 한진칼	165
6-7	지주사 : 롯데지주	168
6-8	지주사 : 영원무역홀딩스	171

| 6-9 지주사 : 삼성물산 | 174 |
| 6-10 지주사 : 동원산업 | 177 |

Chapter 7 김 부장 추천 주식, 독점주, 죄악주를 사라

7-1 독점주를 사야 하는 이유	182
7-2 독점주 : 동서	184
7-3 독점주 : KT&G	187
7-4 독점주 : 농심	190
7-5 독점주 : 롯데칠성	193
7-6 독점주 : SPC삼립	196
7-7 독점주 : 한국가스공사	199
7-8 독점주 : 매일유업	202
7-9 독점주 : 진로발효	205
7-10 독점주 : 고려아연	208

Chapter 8 김 부장 추천 주식, 낙폭과대주

8-1 낙폭과대주, 한물갔다 싶지만, 다시 들여다봐야 하는 주식들	212
8-2 낙폭과대주 : 한샘	214
8-3 낙폭과대주 : 이마트	217
8-4 낙폭과대주 : 롯데손해보험	220
8-5 낙폭과대주 : 한국전력	223
8-6 낙폭과대주 : CJ CGV	226
8-7 낙폭과대주 : BGF리테일	229
8-8 낙폭과대주 : 삼성SDI	232
8-9 낙폭과대주 : CJ제일제당	235
8-10 낙폭과대주 : LG생활건강	238

Chapter 9 김 부장 추천 주식, 고배당주

9-1 고배당 주식이 좋다	242
9-2 고배당주 : 코람코라이프	244
9-3 고배당주 : 한국쉘석유	247
9-4 고배당주 : SKT	250
9-5 고배당주 : KT	253
9-6 고배당주 : 코리안리	256
9-7 고배당주 : 맥쿼리인프라	259
9-8 고배당주 : 무학	262
9-9 고배당주 : 대신증권	265
9-10 고배당주 : 한국토지신탁	268

Chapter 10 평생 갖고 갈 주식들만 사라

10-1 오르고, 내리는 것은 피할 수 없는 법	272
10-2 주식으로 돈 벌기 무진장 어렵다	274
10-3 영원히 망하지 않는 게 최고다	276
10-4 주식도 망하는 시기가 온다	278
10-5 무조건 통장에 돈이 있어야 한다	281
10-6 어려운 시기를 버티는 힘이 있어야 한다. 때를 기다린다	284
10-7 남들이 욕심부릴 때 조심하고, 남들이 두려워할 때 나서야 한다	287
10-8 하루하루가 무섭다	290
10-9 세상에 휘둘리지 않는다	293
10-10 경제 불황 시대, 우리는 어떻게 살아야 할까	295

에필로그	298

직장인으로 산 25년, 그리고 지금

　지금을 살고 있다. 부지런히, 열심히 살아간다. 일하며 시간을 채운다. 그러나 그것이 곧 경제적 안정과 연결되는 건 아니다. 열심히 산다고 해서 넉넉한 삶이 따라오는 것은 아니더라. 기본적으로 성실해야 하는 건 맞다. 하지만 세상의 흐름을 관찰하고 주의 깊게 살펴야 길을 찾을 수 있고, 그래야 경제적 여유도 누릴 수 있다. 그것을 명심하며 사는 편이 낫다. 그러려면 먼저 우리가 처한 현실을 제대로 알아야 한다.

　세상은 영화〈설국열차〉와 닮아 있다. 선진국에서 태어나면 자연스레 그 국민이 되고, 꼬리 칸에서 태어나면 삶은 시작부터 무겁다. 아무리 발버둥 쳐도 앞칸으로 나아가기가 쉽지 않다. 미국에서 태어난 이는 아프리카에서 태어난 이보다 20배, 40배 더 번다. 그것이 미국인이 더 똑똑해서일까? 아니다. 단지 미국에서 태어났기 때문이다. 사람은 태어난 환경의 영향을 크게 받는다. 미국에 태어나면 달러를 쓰고, 한국에 태어나면 원화를 쓴다. 차이는 여기서부터 시작된다. 세상은 태어날 때부터 불공평하다. 받아들여야 한다.

　우리는 태어날 때부터 각자 다른 조건을 가진다. 그러니 이를 인정하고 수용하며 살아야 한다. 그것이 세계의 규칙이다. 그리고 그 안에서 우리가 할 수 있는 것에 집중해야 한다. 세상을 쉽게 살려고 하면 원하는 것을 얻지 못한다. 결국 남들이 짜놓은 판에 끌려가게 된다. 음식을 간편히 얻으려면 배달을 시키면 된다. 그러나 배송비를 부담하고 기다려야 한다. 대가를 치러야만 손쉽게 얻는다. 세상에 공짜는 없다.

지금 한국 사회와 새 정부는 녹록지 않은 경제 현실과 맞서고 있다. 많은 사람들이 이미 어려움을 겪고 있다. 이런 상황일수록 돌파구가 필요하다. 사람들의 시선을 돌릴 무언가가 필요하다. 그런데 부동산 시장은 이미 흔들리고 있다. 그래서 결국 인위적으로 거품을 만들어낼 수밖에 없다. 나는 그것이 한국 주식 시장이라고 생각한다. 마지막 불꽃을 태우기 위해 정부가 온갖 판을 깔 것이라 본다.

그렇기에 우리는 철저히 배우고 익혀서, 그 마지막 불꽃의 무대에 올라야 한다. 물론 뛰어든다고 모두가 돈을 버는 건 아니다. 10명 중 1명 정도만이 성공할 것이다. 하지만 흥분하지 않고 마음을 가다듬어 도전해보길 권한다. 나 역시 그럴 생각이다. 2025년 하반기부터 2026년, 2027년까지는 충분한 거품이 형성될 것으로 본다. 어쩌면 2028년까지 이어질지도 모른다. 그러니 조심스럽게, 그러나 야수의 심장을 품고 뛰어들어 보자.

처자식을 먹여 살리고, 노후를 걱정하고

보통의 사람들에게 생계를 책임지고 살아가며 노년을 걱정하는 것은 지극히 당연한 일이다. 요즘은 100세, 120세 시대라 말한다. 그래서 퇴직 이후의 삶에 대한 고민은 더욱 커지고, 재테크를 고려하는 이들도 많아졌다. 누구나 지금의 생활을 언제까지 유지할 수 있을까 두려움을 느낀다. 결국 새로운 도전과 깊은 고민이 필요해진다.

지금 받는 월급을 언제까지 받을 수 있을지 장담할 수 없다. 그런 상황 속에서 더 두려움을 느끼고, 걱정도 많아진다. 그런 두려움이 커질수록, 수익을 더 낼 수 있는 투자 방법이 없는지 두리번거리는 게 사실이다. 그래서 더 살펴보고, 다른 사람들의 말에 귀를 기울이기도 한다. 하지만 바로 그럴 때일수록 냉정해야 한다. 어디에도 쉬운 길은 없기 때문이다. 치열하게 공부하고 연구해야만 자기만의 확신을 가질 수 있고, 그 확신이 있어야 기다림을 견디며 원하는 결과를 맞이할 수 있다.

지난 30여 년 동안 주식 시장을 기웃거리며 살아왔는데, 주식 투자로 돈 벌기는 참 녹록지 않다. 노동 시장보다 더 힘들고, 더 어려운 곳이 주식 시장과 같은 자산 시장이다. 어쩌면 우직하게 배당 주식을 늘려가며 지내는 게 훨씬 수월할 수 있다. 그런데 그런 투자법은 사람들이 선호하지 않는다. 기다리기 힘들고, 또 지루하기 때문이다. 하지만 냉정히 따져보면 결국 잃지 않는 투자가 가장 필요한 방법이다. 그것이 가장 현실적인 길이다.

누구나 다 확실한 투자, 안전한 기법을 바라는데, 그런 건 없다. 리스크와 수익은 반비례한다. 누가 추천해주는 확실한 주식이라는 게 있던가? 충분히 만족할 만한 수익을 가질 수 있나? 쉽지 않다. 아이러니하게도, 지금 하고 있는 본업에서 돈을 버는 것이 개인에게는 가장 확실한 방법이다. 그럼에도 불구하고 부족하다 느낄 때 비로소 투자해야 한다. 그리고 그 투자는 반드시 더 신중하고 확신에 차 있어야 한다.

자신이 철저히 공부하고 공을 들여도 원하는 타이밍을 만나지 못해 지루한 기간을 보내야 할 수도 있다. 이것이 현실이다. 드라마틱하게 손쉽게 수십 배의 수익을 얻는 일은 없다. 아니, 그런 수익을 낸다면 되려 경계해야 한다. 큰 수익이 약속될 때, 그만큼 큰 위험이 뒤따르기 때문이다. 그래서 우리는 더 두려워하고, 더 공부하고, 더 꼼꼼히 따져봐야 한다. 차분하게 들여다보고 파악하면서 삶을 지키고, 내 자산을 지켜나가는 것이 결국 가장 현명한 길이다. 아무쪼록, 안전하게 투자하는 것이 최선이다.

충분히 안정적인 노년을 맞을 수 있을까?

100세 시대라고 하지만, 실제로 흑자로 지내는 기간은 고작 34년이라고 한다. 43세가 정점이고, 그 이후부터는 내리막길이다. 61세부터는 적자 인생이 시작된다. 누구나 노년에는 안락하게 살 것이라 기대하지만, 대한민국 노인의 40% 이상은 극빈층으로 전락한다. 이유는 다양하지만, 결론은 같다. 제대로 된 준비가 없었기 때문이다. 누구를 원망하겠는가. 결국 스스로의 책임이다.

그러다 보니 65~79세의 절반 이상이 계속 일하고 싶어 한다. 서글픈 현실이다. 인생이 적자 단계에 이르기 전에 미리 준비하는 것이 최선이지만, 실제로 그렇게 철저히 관리하는 이는 극소수다. 노동 시장에서도, 주식 시장에서도 성공해 충분한 자산을 쌓는 사람은 드물다. 그렇기에 더 공부하고 준비해야 한다. 늦었다고 생각해도, 깨달았을 때가 시작할 때다.

개인적으로는 고배당 우량주를 꾸준히 늘려가는 방법이 가장 적합하다고 본다. 처음에는 티가 나지 않지만, 시간이 쌓이면 꽤 괜찮은 현금 흐름을 만들 수 있기 때문이다. 예를 들어, 배당 6%를 주는 우량주를

1,000만 원어치 보유하면 1년에 세전 60만 원, 월 5만 원가량이 생긴다. 세후로는 약 4만 원대 중반이 될 것이다. 누군가는 "고작 그 돈으로 무엇을 하느냐"고 비웃을지 모른다. 하지만 시작은 바로 거기서부터다.

1,000만 원이 2,000만 원, 5,000만 원, 1억 원으로 불어나면 어떨까? 연 600만 원, 월 50만 원의 배당금이 된다. 이는 결코 적은 금액이 아니다. 연금으로 매달 50만 원을 받으면 대단한 일이라 여기면서, 배당금으로 받는 돈은 폄하하는 경향이 있다. 많은 사람들이 주식에서 5배, 10배 시세 차익을 노리는 것을 짜릿하다고 여기지만, 실제로는 주식으로 쪽박을 차는 이들이 훨씬 많다. 주식 대가들의 책을 아무리 읽고, 어려운 용어를 아무리 잘 안다고 해도 수익 내기는 쉽지 않다.

차라리 아주 적게라도 시작하고, 길게 내다본다면 충분한 수익을 볼 수 있을 것이다. 고작 푼돈으로 무엇을 할 수 있느냐고 핀잔주는 사람의 말은 멀리해야 한다. 시간을 우리 편으로 삼고 계속 전진해야 한다. 아주 우직하게 조금씩 좋은 주식을 늘려간다면, 나중에는 절대 우습지 않을 배당금을 얻게 될 것이다. 처음에는 연 수십만 원, 수백만 원이라 해도, 쌓이고 또 쌓이면 월 100만 원, 200만 원, 300만 원 이상으로 불어날 수 있다. 물론 그에 맞는 세금을 내야 한다. 그러나 그러한 배당금 흐름이야말로 우리의 노후를 든든히 지켜줄 자산이 된다.

주식 투자,
아무나 해도 되나?

2020년에만 해도 유튜브에서 주식 투자를 권하는 이들이 매우 많았다. "당장 사면 곧 급등한다"라는 식으로 초보 투자자들을 끌어들였다. 그때 초보 투자자들을 '주린이'라고 불렀다. 과연 그 유튜버들과 '전문가'들이 초보들의 성공을 진심으로 바랐을까? 나는 아니라고 본다. 그들은 자신들의 이익을 위해 초보 투자자들을 끌어들였고, 증권사의 돈벌이에 이용했을 뿐이다.

그들은 철없는 2030들을 재물 삼아서 증권사 돈벌이에 썼다. 철저히 자신들의 이익을 위해 움직였다고 생각한다. 그리고 나중에 개미들이 손해를 보면, 개미들 잘못이라고 그들에게 책임을 다 떠넘겼다. '동학개미', '빚투' 같은 많은 용어들이 떠올랐고, 지금은 다들 조용하다. 무리하게 빚을 진 이들은 파산, 개인 회생 등의 혹독한 상황으로 내몰렸다. 빚내서 주식 투자해서 번 돈을 오랫동안 잘 간직한 이들은 거의 없다. 과거 5060 세대도 마찬가지였다. 주식으로 패가망신해 가정이 무너지고 극단적 선택까지 한 이들이 많았다. 2020~2024년 사이에도 수많은 개미들이 그렇게 몰락했다.

지금의 5060들은 주식 시장에 대해 상당히 보수적으로 접근한다. 왜 그러겠는가? 주식 투기로 패가망신한 이들을 너무 많이 봐왔기 때문이다. 그래서 5060들은 주식 시장에 함부로 기웃거리지 않는다. 그리고 주식 투자를 하더라도 신중하게 한다. 욕심을 많이 부리면 그 이상의 대가를 치른다는 것을 안다. 하지만 학교에서 공부하고 과외 선생님이 찍어주는 지름길을 따라가는 데 익숙해진 2030들은 유튜버, 전문가들이 하는 말을 순진하게 잘 따랐다. 그런데 그 추종이 얼마나 큰 대가를 치러야 하는지, 미처 몰랐다.

주식에 올인한 이들 중 상당수는 양떼 몰이에 휩쓸렸다. 물론 모든 양이 늑대에게 잡히는 건 아니다. 노련한 양들은 오히려 늑대를 재촉하고 힘들게 한다. 늑대의 힘을 빼서 늑대들이 지치게 만든다. 그러나 생각 없고, 철없는 어린 양들이 늑대 무서운 줄 모르고 앞에서 설치다가 먹잇감이 된다. 지금의 많은 2030 투자자들이 바로 그 먹잇감이 되고 있다.

다들 "나는 다르다. 나는 치열하게 공부하면서 주식 투자하기에 엄청난 수익의 주인공이 될 수 있다"라고 말한다. 그런데, 이렇게 자신을 믿는 순간, 기관의 개들에게 낚여서 먹잇감, 사냥감 신세가 될 수 있다. 나는 다르다고 생각하지 마라. 그냥 멋모르는 양 한 마리에 불과할 수 있다.

앞으로 2~3년, 새 정부의 시기 동안 한국 증시에는 큰 거품이 낄 것이다. 개미들이 미친 듯이 몰려들고 빚으로 투자하려 할 것이다. 나는 감히 말한다. 무슨 일이 있어도 빚투는 하지 마라. 빚투는 파멸의 지름길이다. 빚투를 할 생각이 든다면, 그 순간 이미 주식 투자할 자격이 없는 것이다. 이 점을 반드시 명심해야 한다.

속지 마라, 400억 주식 왕으로 불리었던
박철상 이야기

점점 더 각박해지는 세상에서 돈을 버는 것보다 쓰는 게 중요하다고 말하는 이가 있었다. 바로, 박철상이었다. 그는 10억 원 이상 기부했다는 말도 있었고, 대학생 신분으로 2016년 아시아 기부상을 받았다. 기부왕이라는 이름으로 칭송받았고, TV 프로그램 〈강연 100°C〉에도 출연했다. 중학교 때부터 주식 투자를 했고, 20년 동안 시행착오 끝에 성공해서 400억 원 자산가가 되었다는 이야기가 돌았다.

실제로 그는 모교에 2억 4,700만 원을 기부했고, 학교와 지자체에 18억 7,000만 원을 기부하기도 했다. 그러나 그는 기부를 미끼로 사람들을 속인 사기꾼이었다. 30대 초반의 청년이 400억 원을 가진 자산가이자 기부왕이라니, 사람들은 굉장히 대단하게 여겼다. 그리고 그는 "도와주겠다"라고 했다. 사람들은 그를 만난 것을 인생에서 몇 번 안 되는 기회라 여겼다. 그래서 어떤 이는 10억 원을, 어떤 이는 2억 원을 맡겼다. 확인된 금액만 24억 원이었다.

박 씨의 모교 교수들조차 속았다. 학생들을 돕는 일을 함께하자고 권유를 받았기 때문이다. 교수에게 거짓말하고 사기 치는 학생이 어디 있겠는가. 피해자들은 박 씨가 기부한 학교나 단체와 연관된 사람들이 많았다. 그는 스스로 만든 '청년 기부왕' 이미지를 철저히 활용해 사기를 친 것이다.

박 씨에게 속아 가정이 무너지고 이혼당한 사람들이 있었다. 그런데 한편에서는 박 씨에게 도움받은 이들이 탄원서를 냈다. "그간의 선행을 보니 사정이 있었을 것"이라 믿은 것이다. "장학 사업에 집중하느라 투자에 실패한 것"이라며 옹호했다. 하지만 진실은 달랐다.

그는 이미 2016년 이후 계속 투자 손실을 보고 있었다. 그럼에도 기부를 이어가며 자신의 비즈니스에 활용했다. 처음 소액 기부를 했을 때 언론이 크게 칭찬하자, 거기서부터 빠져들었던 것이다. 그리고 '언제든 밝히고 그만둬야지'라고 생각했겠지만, 그만두지 못했던 것 같다.

그는 매월 250만 원씩 월세를 내며 대구에서 56평의 고가 아파트에 살았다. 그러면서 다른 사람들에게 과시했다고 한다. 자기 여자친구에게 1억 원을 주고, 부모에게는 2억 원을 송금했단다. 투자자들로부터 35억 원을 받아 10억 원만 돌려주고, 25억 원은 갚지 못했다. 피해자들이 경북대를 찾아가 "전향적으로 대응해달라"고 호소하는 일까지 벌어졌다. 과연 경북대는 어떻게 대응했을까.

검증도 안 된 인물을 기부왕이라 떠든 언론들도 책임이 있다. 참 무서운 일이다. 이런 사기 행각에 대한 처벌이 약하니 사기꾼들이 계속 생기는 것이다. 다시는 이런 일이 반복되지 않으려면 사법당국이 강력하게 처벌해야 한다. 그리고 우리는 아무리 선행을 많이 하는 사람이라도 쉽게 믿어서는 안 된다. 피 같은 내 돈을 남에게 맡기는 순간, 그 돈은 이미 내 것이 아니라 남의 것이 된다. 반드시 명심해야 한다.

돈 버는 법, 제대로 배워보자고?
2030들 노예 만드는 주식 투기

'주린이'. '주식 어린이'라는 말로, '주식 초보자'를 지칭하는 표현이다. 한때 '동학개미'라는 말도 유행했다. 주식 투자를 해야 답 없는 현실을 극복할 수 있다며, 희망 섞인 감언이설로 꼬드겼다. 처음에는 우량주에만 투자하라고 했다. 그런데 어느 순간 작전주에 빠져들게 만들고, 주식 투기에 미치게 만들었다. 매일같이 주식 차트만 들여다보고, 일상이 흐트러졌다. 절제하지 못하는 2030들이 그들의 타깃이었다.

투기에 빠지는 순간, 다른 일에는 신경도 못 쓰고, 매일 시세만 쳐다본다. 오르내림에 따라 심리도 휘청인다. 그런데도 주식 투기를 미화하면서 시장에 뛰어들라고 부추긴다. 멋모르고 뛰어든 개미들은, 결말이 이미 정해져 있다.

주가가 빠르게 올라갈수록 도박판으로 변질되기 쉽다. 한 방에 바짝 땡겨서 아파트 사고, 노후 여유자금도 마련하겠다는 마음을 가진 이들이 많다.

물론 가치 투자나 우량주 투자처럼 장기적으로 접근하면 분명 안전하고 좋은 방식이다. 하지만 혈기 넘치는 2030세대가 그렇게 묵묵히 투자하기는 쉽지 않다. 더디게 움직이고 지루해 보이면 흥미를 잃는다. 반대로 눈앞에서 주가가 빠르게 오르고 돈이 불어나는 게 보일 때 비로소 신이 난다. 지금처럼 기관과 업자들이 의도적으로 끌어올리는 장세에서는 투자 자체가 마치 게임처럼 짜릿하게 느껴지기도 한다.

그런데 그들이 정한 시점이 오면, 그냥 아비규환이다. 폭락한다. 그 시점이 되면 개미들은 퇴로가 없다. 빚내서 투기한 이들에게 기다리고 있는 결말은 이미 정해져 있다. 돈을 버는 것도 중요하지만, 가진 돈을 지키는 건 더 어렵고 중요하다. 지금은 주가가 오르고 돈도 버니 기분 좋고 신난다. 그러나 빠져나올 시기를 분명히 고려해야 한다. 돈 버는 것만큼이나 돈을 지키는 것도 생각해야 한다.

모험을 좋아하면 가진 돈이 금방 거덜 나고, 빚도 지게 된다. 그걸 명심해야 한다. 한때 '존○'라고 불리던 이가 있었다. 그는 엄청 주식 투자를 권유했다. 주식 투자를 해야 노년이 보장되고, 돈을 지킬 수 있다고 했다. 물가 상승에 맞설 수 있는 가장 절묘한 투자가 주식 투자라고 했다. 동학개미들을 선동하는 '의병장' 어쩌고 하면서 엄청 사람들을 부추겼다.
그런데 그도 결국 한낱 장사꾼이었다. 그가 부추긴 개미들, 많은 이들이 경제적 곤경에 몰렸다. 그리고 이번에도 또 그 일이 반복될지 모른다.

탐욕을 부리면, 깡통 차고 내몰리는 건 한순간이다. 함부로 욕심 부리면 안 된다. 위험하다 못해 송두리째 다 뺏기고 절벽 끝으로 내몰리게 된다. 빚쟁이 노예가 될 수 있다.

노동 시장에서 하루 8시간씩 한 달 꼬박 일해 받는 월급을 우습게 생각하고, 한 달 만에 남들이 1년 벌 돈을 벌겠다고 욕심을 부리면, 주식 시장에서 투기꾼이 되는 건 한순간이다.

정신 바짝 차려야 한다. 마음을 잘 다스려야 한다. 그래야 주식 시장에서 살아남고, 돈을 벌 수 있다. 명심해야 한다.

주식 사기를 당하는 사람들을 보고

꼭 돈 없고 나이 든 사람들이 주식 투기, 주식 사기에 잘 빠진다. 자신은 잘 모르니, 교수나 전문가라고 불리는 이들의 후광을 믿고 돈을 맡긴다. 그들에게 돈을 주면 책임지고 알아서 불려줄 거라 생각했다. 그러나 현실은 달랐다. 전문가라는 사람들에게 고가의 상담료를 내고 돈까지 맡기면, 결국 먹잇감이 될 뿐이었다. TV에 자주 나오는 사람이니 믿을 수 있다고 생각했지만, 그렇게 순진하게 믿은 대가는 엄청났다. 카드빚까지 내서 계속 돈을 넣었지만, 끝내 빼낼 돈은 하나도 남지 않았다. 마지막 재산까지 다 끌어모아 넣었지만, 그것까지 날려서, 밤잠을 못 자는 지경이 되었다.

'한국경제TV' 등에 나와 자신이 투자한 종목을 여러 차례 추천하고, 또 주가를 인위적으로 끌어올려 사람들을 더 모았다. 그렇게 몇 달 만에 수십억을 버는 사기꾼들이 많았다. 주가 조작으로 사람들을 착취해도 그들이 받은 건 솜방망이 처벌뿐이었다. 나라가 이런 사기판을 사실상 허용하는 게 아닌가 싶을 정도로 피해자는 넘쳐났다. 처벌이 약하니 사기꾼들은 사라지지 않았고, 되레 기세를 더 부렸다. "당한 사람들만 멍청하다"며 조롱했다. 고통 속에 사는 건 당한 사람들뿐이었다. 극단적 선택을 하는 이들도 적지 않았다.

　우리는 전문가라는 사람들의 말을 절대 믿어서는 안 된다. 유튜브나 언론에 나와 엄청난 분석을 하고 추천을 해도, 그들은 사람들을 위하는 이들이 아니다. 인기와 이익을 위해 움직이는 장사꾼일 뿐이다. 더 심하게 말하면, 타인의 돈을 노리는 사기꾼이 수두룩하다. 대박의 덫에 걸린 사람들은 결국 그런 자들에게 속아 넘어간다. 유료 회원 가입을 하고, 비밀번호까지 선뜻 넘기면 그 순간부터 그 돈은 내 돈이 아니다. 사기꾼의 돈이 된다. 고객의 돈을 대신 투자해주겠다는 그들은 사기꾼이다.

　주가 조작을 벌여도 처벌이 약하니, 사기꾼들은 더 기승을 부린다. 연예인들까지 가담한다. 종교라는 이름으로, 자기도 돈을 넣었다며 권유한다. 그러고는 자신도 피해자라며 울고 하소연한다. 하지만 사실상 그들도 사기극의 공범이다. 깊게 관여했느냐, 덜 관여했느냐의 차이만 있을 뿐, 다들 한통속이다. 그들이 짜놓은 판에 사람들이 고통 속으로 빠진다. 돈 벌 욕심에 대출까지 끌어와 투자했다가, 나중에 사기라는 것을 알고 충격에 빠져 우울증에 시달리는 사람들. 가난한 삶에서 벗어나고 싶어 투자했는데, 벗어나기는커녕 더 아래로 추락한다. 그래서 더 미치는 것이다.

　그렇게 당하는 이들의 모습은 결코 멍청한 그들만의 이야기가 아니다. 나의 모습이 될 수 있고 우리 가족의 일일 수 있다. 그런 것에 절대 관심을 주지도 않을 것 같은 사람들이 더 쉽게 당한다. 우리는 무엇보다 상식적으로 살아야 한다. 땀 흘리고 애쓰며 고생해야, 비로소 내 돈이 된다고 생각해야 한다. 벌 수 있는 돈은 없다는 것을 늘 명심해야 한다.

삶은 결코 만만하지 않다.

  조금이라도 욕심을 부리는 순간, 사기꾼들은 빈틈을 파고든다. 아예 그럴 여지를 주지 말아야 한다. 주식 투자도 마찬가지다. 남에게 돈을 맡길 생각은 아예 버려야 한다. 내가 직접 하고, 내가 직접 책임져야 한다. 그래야만 사기당하지 않고 살 수 있다.

《내가 주식을 사는 이유》를 읽고

칼은 잘 쓰면 요리를 잘할 수 있어 삶을 풍요롭게 만드는 도구가 된다. 하지만 술에 취해 잘못 쓰면 무시무시한 흉기가 되어 우리에게 큰 상처를 입힐 수도 있다. 누가 어떻게 쓰느냐에 따라 용도는 달라지지만, 소홀히 다루면 화를 입는다. 그래서 항상 아름다운 칼을 쓸 때는 조심해야 한다. 주식 투자는 재테크의 칼과 같다.

잘 활용하면 더 많은 수익을 기대할 수 있지만 반대로 잘못 쓰면 더 곤경에 처하기 쉽다. "언제든 사고팔 수 있다는 환금성 때문에, 욕심과 욕망에 휘둘리기 쉽다"라는 말처럼 말이다. 노동력을 투입해서 얻는 노동 소득과 자산 가치를 상승시켜 얻는 자산 소득을 함께 갖춘다면, 삶의 어려움을 한결 방어할 수 있다. 본업에 충실하면서 아끼고 절약하고, 틈틈이 투자까지 잘하면 자산을 늘려 여유롭게 살 수 있다. 그러나 쉽게 큰돈을 벌고 싶고 빨리 이루고 싶은 조바심에 휘말리면 일은 꼬이게 마련이다. 만 원도 우습게 보지 않고 소중히 여긴다면, 그 만 원이 3만 원, 5만 원이 될 수 있다. 하지만 소홀히 여기면 오히려 큰 곤경에 처할 수도 있다. 하루하루 아끼고 모은 적은 돈이 주식 투자의 출발점이 된다. 그러니 차근차근 나아가자. 좋은 주식을 고르고, 하나둘 모아가는 재미를 느껴보자.

영화 〈타짜〉가 떠오른다. 주식 투자는, 죽을 때까지 팔지 않고 끝까지 가져간다면 그 자체로 성공이라 할 수 있다. 내가 아니라, 내 자식이 성인이 되었을 때 그 주식의 혜택을 본다고 생각하면 충분히 가치 있는 일이다. 영화 속 대사처럼, 도박판에는 영원한 적도, 영원한 친구도 없다. 주식 시장도 마찬가지다. 영원한 폭등도, 영원한 폭락도 없다. 반복일 뿐이다. 평생 사람들이 소비하고 사랑해줄 기업의 주식이라면, 충분히 주주가 될 만하다. 예컨대 사람들이 소주를 계속 마시는 한, 진로발효는 꾸준히 사 모을 주식일 것이다.

진로발효는 1주당 1,100~1,200원의 배당금을 준다. 현재 주가가 1.9만 원 정도 한다. 배당률이 5.6~6% 수준이다. 불과 몇 년 전 주가가 3만 원이었다. 물론, 배당금이 450원, 650원으로 변동이 있기도 했다. 2024년 배당금은 1,100원이었다. 그래서 배당률이 5% 후반대다. 적지 않은 금액이다.

삼성화재 우선주는 몇 년 전 주가가 16만 원일 때, 배당금이 약 1만 원이었다. 배당률은 4%였다. 2024년에는 배당률이 5.9%이고, 배당금은 19,000원까지 늘었다. 주가는 32만 원대다. 두 종목 모두 오랫동안 관심을 가지고 볼 만한 주식이다. 배당금으로만 볼 때, 나름 매력적인 주식이라고 생각한다. 앞으로 10년, 20년을 내다보고 차근차근 모아간다면 든든한 자산이 될 것이다.

일상에 충실히 임하면서, 노동의 가치를 더하는 동시에 시간을 쪼개 주식 투자의 원칙을 공부하자. 뛰어난 투자자들의 마음가짐과 태도, 그리고 의지를 책에서 배우고, 조금씩 나만의 방식으로 적용해본다. 그 과정이 하나둘 쌓이면 나의 주식 계좌는 풍성해지고 오래 유지되며, 나와 가족의 노후에 보탬이 될 것이다. 물론 조급함은 멀리해야 한다. 인내심을 갖고, 평생 가져갈 주식들로 계좌를 채워야 한다. 그래야 느긋하게 기다리며 자산이 불어나는 것을 지켜볼 수 있다.

국내 증시로 되돌아와야 할지
고민하는 서학개미들

　한국에는 미국 증시에 투자하는 서학개미들이 많다. 2024년 기준으로 163조 원을 투자하고 있다고 한다. 1년 전보다 무려 65% 늘어난 수치다. 그러나 최근 분위기가 조금 달라지고 있다. 미국 기술주 폭락이 서학개미들을 고민하게 만들고 있는 것이다. 확실히 수익률이 떨어지니 불안할 수밖에 없다. 앞으로 원화 강세가 되면 환차손도 발생할 수 있다. 미국의 부동산과 주식 시장이 심상치 않다는 말도 들린다. 관세 협상 이후 미국 내 물가가 오를 것이라는 전망도 있다.

　미국 ETF의 수익률은 최근 -30%에 달한다고 한다. 테슬라는 -46%, 엔비디아는 -23%를 기록했다. 미 증시에 들어 있는 돈도 136조 원으로 줄었다. 손실을 메우려는 듯 서학개미들이 오히려 더 공격적으로 투자하는 모습이다. 그래서일까. 미국 자산운용사 아카디안의 부사장은 "서학개미들의 공격적 투자 성향이 미국 증시 변동성을 키우고 있다"고 직격탄을 날렸다. 그러면서 "결국 오징어게임 참가자들의 결말과 같아질 수 있다"라는 뼈 아픈 말을 남겼다. 확실한 건, 빨리 부자가 되고 싶다는 욕심은 결말을 좋지 않게 만든다는 사실이다.

이런 가운데 "국내 증시가 오히려 낫지 않겠느냐"고 말하는 이들도 조금씩 생겨나고 있다. 두고 볼 일이다. 국내 증시 활성화를 위해 얼마나 유인 정책이 나올지 말이다. 상법 개정이 조금씩 속도를 내면 국내 증시가 폭발적으로 성장할 것이다. 새 정부는 국내 증시 활성화에 진심이다. 새 정부가 지금 상황에서 집중할 수 있는 것이 주식 시장이기 때문이다.

그러므로 우량 국내주에 관심을 가지는 게 좋겠다. 한국전력, 대한항공, SK, 강원랜드, KT&G, 맥쿼리인프라, 코리안리, SK텔레콤, KT, 이마트, 진에어, 동서, 아모레, 하나투어, 호텔신라, 롯데관광개발, 롯데손해보험, 한샘, CGV, 에스엠 등은 주목할 만하다. 물론 이 중 지금은 배당을 주지 않는 종목도 있다. 그러나 앞으로 불황이 깊어지면 영화, 공연, 카지노, 여행, 화장품 등이 주목받을 것이다.

2025년 9월 말에는 중국 관광객 무비자 입국이 허용될 것이라는 말이 있다. 또 2025년 말이나 2026년 초에는 트럼프가 북한과 관계 개선을 위한 행보에 나설 가능성이 있다. 북미 정상회담 이야기도 계속 흘러나온다. 그렇다면 대북주가 뜰 수 있다.

물론 장기 불황으로 한국 경제 상황은 여전히 좋지 않다. 내수가 매우 침체되어 있다. 그래서 우려스러운 게 사실이다. 악재와 호재가 혼재되어 있는 게 지금의 현실이다. 이를 부인할 수는 없다. 기회와 위기가 공존한다. 그러므로 더욱 예민하게, 신중히 투자 결정을 해야 할 것이다. 조금씩, 천천히 움직이는 것. 그것이 지금 우리가 취할 태도다.

지금은 한국 주식 시장에
뛰어들어야 할 때

공공의 적이 된 유상증자, 전환 사채 때문에 언론에서도 말이 많았다. 그런데 그런 일들이 계속 쌓여서 상법 개정이 시작된 것 같다. 그동안 너무 많은 패악질들이 있었다. 오죽하면 "국장은 원수에게 권한다"라는 말까지 나왔겠는가. 그런데 2025년 4월 이후 지금까지 한국 주식 시장은 오히려 우상향하고 있다. 이제 국장을 하는 개미들에게 드디어 엄청난 기회가 생길 수 있는 것이다.

방위산업 기업인 한화에어로스페이스는 3년 전과 비교해 주가가 무려 14배 급등했다. 그러나 3조 6,000억 원 규모의 대규모 유상증자를 발표하자 주주들의 반발이 심각했다. 발표 직후 주가는 급락했고, 고점에 들어간 개미들은 엄청난 피해를 봤다. 대주주는 이득을 보고, 개미는 극심한 피해를 보는 상황이 벌어진 것이다. 자금의 사용처 명분은 사업 확대라고 했지만, 시장에서는 대주주의 지배구조를 강화하기 위함이라고 의심하고 있다.

결국, 한화 그룹은 이득을 보고, 소액 주주들인 개미들은 손실을 봤다. 오죽하면 금융당국도 제동을 걸었을까 싶다. 대장주조차 이런 논란을 일으킬 정도로, 한국에서 유상증자는 '공공의 적' 취급을 받는다. 왜 그렇게 사람들이 여기겠는가? 유상증자하고 난 뒤 주가가 엄청 빠지고 기존 주주들의 손해가 막심하기 때문이다. 그래서 '한국 증시, 국장을 탈출해야 한다'고 사람들이 말하는 것이다. 개미들은 무시하고 재벌가 대주주들의 이익만 챙겨왔기 때문이다.

삼성SDI도 유상증자를 단행해 주가가 흔들렸다. 시장은 이를 곧바로 악재로 받아들였다. 유상증자는 새 주식을 발행해 돈을 받는 것이지만, 지난 5년간 4번 이상 유상증자를 한 기업이 22곳이나 된다. CJ CGV와 제주항공은 아예 1년에 1번꼴로 했다. 그러나 기존 주주에게 돌아온 건 없다. 되려 손실만 남았다. CJ CGV는 한때 주가가 14만 원까지 갔으나, 지금은 4,000~5,000원대에 머물고 있다. 기존 주주의 손실은 막대하다. 주식 1억 원어치를 보유한 주주는 9,600만 원 이상을 잃고, 고작 400만 원 정도만 남게 된 것이다. 이처럼 유상증자 피해 사례가 쌓이면서 한국 증시에 대한 실망감은 더욱 커졌다.

전환사채는 더 심각하다. 처음에는 채권이지만 나중에 주식으로 바꿀 수 있다. 너무 잦은 전환사채로 회사 주식 수는 늘어나고, 기존 주주들은 가만히 있다가 극심한 손해를 입었다. 투명하지 않고, 폐쇄적으로 운영되며 자기들 멋대로 하는 일이 너무 많았다. 언제까지 이런 병폐를 모른 척할 수 있을까. 개미들에게만 희생을 강요하고, 지배주주만 잘 먹고 잘사는 구조가 계속될 수 있을까.

그러나 최근 분위기는 바뀌고 있다. 2025년 4월 주가가 2,280까지 밀려났다가, 새 정부가 들어선 뒤 8월에는 3,200을 넘어섰다. 연말이면

4,000도 가능할 것이다. 앞으로 원화 절상과 수출 부진 같은 난관을 타개하려면, 한국 증시 부양은 필수다. 따라서 유상증자와 전환사채 같은 구태를 그대로 두지 않을 것이다. 소액 주주와 개미들의 이익을 위한 변화가 불가피하다.

앞으로의 변화는 무수히 많은 개미들에게 엄청난 기회가 될 것이다. 그러니 한국 주식 시장의 주요 종목들에 조금씩 관심을 두고 지켜보자.

한국 증시에 이로운
대형 호재들

    2025년 7월, 상법 개정안이 국회를 통과했다. 주주에 대한 이사 충실 의무는 공포 즉시 시행되었고, 대규모 상장사의 전자주주총회 의무화는 2026년 1월부터 시행된다. 사외이사의 독립이사 변경은 1년 유예를 두었으니 대략 2026년 7월부터 적용된다. 감사위원 분리 선출 확대와 감사위원 선임 시 대주주 의결권을 합산해 3%로 일괄 제한하는 제도도 2026년 7월부터 시행된다. 사실상 내년 7월부터 본격적으로 진행된다고 보면 된다.

    상법 개정으로 인해 모든 기업의 이사들은 주주 전체의 이익을 보호할 의무를 지게 된다. 그간 관행처럼 이어져온 소수 주주 이익 침해 결정들이 크게 제약받는다. 대주주와 오너 일가 중심의 독단적 의사결정이 위법 소지가 생기고, 일반 주주의 권익이 침해당할 가능성은 줄어든다. 오너의 이해관계에 따라 계열사에 희생을 강요하거나, 부당한 내부 거래와 편법 승계가 이루어지던 일들이 위축될 것이다.

    앞으로는 인적 분할·물적 분할처럼 주주가치 희석이 우려되는 거래는 강한 반발에 직면할 수밖에 없다. 경우에 따라 배임 소송이나 손해배상

청구도 가능하다. 따라서 기업들은 주주 보호 대책을 마련하고, 주주 친화적인 방향으로 업무를 수행할 수밖에 없다. 일감 몰아주기도 힘들어지고, 주주 이익 침해 행위는 줄어들게 된다. 이제 경영진의 최우선 목표는 주주 가치 제고가 될 것이며, 이익 극대화를 향해 움직이게 될 것이다.

물론 단기적으로는 수익을 늘리기 위한 경비 절감이나 인력 감축이 강화될 수도 있다. 단기 이익을 극대화해 주가 부양에 힘쓰는 기업들이 늘어날 것이다. 그 과정에서 기업의 본질적 경쟁력이 훼손될 우려도 있다. 하지만 동시에 생산성 향상과 혁신을 통한 이익 증대 노력이 나타날 것이다. 이는 결국 한국 증시 전반에 긍정적인 바람을 불러오고, 해외 투자 자금 유입도 촉진할 것이다. 배당 확대 역시 기대된다.

많은 기업들이 이제 분기 실적에 신경을 쓰며, 이익 창출에 유리한 사업에 집중할 것이다. 미국 기업들을 보면, 1980년대 이후 적대적 M&A 압력과 '주주가치 극대화' 트렌드가 맞물리며 자사주 매입과 배당 확대가 크게 늘어난 적이 있다. 한국에서도 유사한 흐름이 나타나길 기대하는 것이다. 앞으로는 실질적인 수익을 내는 기업들의 주가가 더 오를 것이다.

그간 재벌 주주들의 독단과 소액 주주들의 손해가 당연시되던 시절이 지나간다면, 한국 증시에 씌워진 코리아 디스카운트는 점차 줄어들 것이다. 그래서 감히 말하건대, 지금은 주식 시장에 뛰어들 만한 때다. 물론 상법 개정이 모든 것을 해결하는 황금열쇠는 아닐 수 있다. 그러나 그 기대감만으로도 주가가 부양될 가능성은 충분하다. 이제 앞으로의 전개를 주의 깊게 지켜봐야 할 것이다.

앙드레 코스톨라니와 피터 린치

앙드레 코스톨라니(Andre Kostolany)는 1906년 헝가리에서 태어나 1999년에 생을 마감한 전설적인 투자가다. 18세에 증권가에 입문한 뒤 수많은 경제 위기와 호황을 경험했다. 그는 "돈은 머리가 아니라 엉덩이로 번다"고 말할 정도로 장기적인 관점에서 인내심이 필요하다고 말했다. 충분한 여유자금으로 투자해야 인내심을 가질 수 있고, 인내심이 있어야 혼란스러운 시장에 맞설 수 있다고 했다. 또한 빚 없는 투자를 강조했다. 빚은 투자자에게 심리적 압박을 주어, 올바른 생각을 하지 못하게 만든다고 했다. "생각하고 또 생각하라. 자기 확신을 가져라"라는 그의 메시지는 상당 부분 공감이 가는 내용이었다.

그는 투자 후에는 몇 년간 잊으라고 했다. 그리고 시간이 흐른 뒤, 비로소 기적 같은 결과가 찾아온다고 했다. 《돈, 뜨겁게 사랑하고 차갑게 다루어라》라는 제목의 책이 있을 정도다. 코스톨라니는 단순히 부를 쌓은 투자가가 아니라, 돈과 시장, 그리고 인간 본성에 대한 통찰을 남긴 거장이었다.

그는 역발상 투자를 주장했다. 달걀 이론이라고 해서, 시장이 침체되어 사람들이 주식에 흥미를 잃고 공포에 질려 있을 때가 매수 시점이라고 했고, 반대로 시장이 과열되어 모든 사람들이 탐욕에 눈이 멀어 있을 때가 매도 시점이라고 했다. 대중과 반대되는 행동을 하는 것이 성공적인 투자의 핵심이라고 주장했다. "바보보다 주식이 많으면 사고, 주식보다 바보가 많으면 팔아라." 이 명언은 역발상 투자를 가장 잘 보여주는 예시다.

피터 린치(Peter Lynch)는 1977년부터 1990년까지 펀드를 운용하면서 13년 만에 펀드 자산을 2,700% 성장시킨 경이로운 기록을 냈다. 연 평균 수익률이 29%였다고 한다. 그래서 그를 '월가의 영웅'이라 불렀다. 그의 투자 철학은 복잡하지 않고, 일상생활 속에서 투자 아이디어를 찾는 것에 기반을 두었다. 월스트리트 전문가들보다 일반인들이 특정 분야에서 더욱 깊은 지식과 직관을 가질 수 있다고 보았다. 그래서 재무제표를 꼼꼼히 읽고, 사업보고서를 검토하고, 직접 매장을 방문하는 등 현장 답사를 중시했다.

또한, 기업의 실적과 주가는 장기적으로 함께 움직인다고 하며, 그래서 인내심을 갖고 투자해야 큰 수익을 얻을 수 있다고 보았다. 자신이 잘 알고 좋아하는 가게, 제품, 산업에 주목하라고 말하며, 일상 속에서 자주 구매하는 제품을 만드는 회사에 대해 알아보고 투자 아이디어를 찾는 게 좋다고 했다. 그리고 회사를 알아보는 방법으로 기업의 재무 건전성을 파악하고, 기업의 성장 스토리에 주목하라고 했다.

그에게 주식 투자는 도박이 아니라, 기업의 일부를 소유하고 함께 성장해가는 일이었다. 그래서 누구나 똑똑한 투자자가 될 수 있다는 메시지를 남겼고, 수많은 투자자들에게 지금도 영감을 주고 있다.

5배, 10배를 기대하고
홍콩 주식에도 기웃기웃

홍콩 주식 투자를 나는 2010년 무렵에 시작했다. 당시 중국 본토 주식 시장은 아직 활발하지 못했다. 그래서 중국 주요 기업들의 주식을 접하려면 홍콩 시장을 통해야 했다. 홍콩은 글로벌 금융 허브로 외국 자본이 활발히 드나들던 곳이었고, 외국인 투자 규제도 적어 거래 환경이 자유로웠다. 그래서 자연스레 관심이 갔다. 그때 가장 '핫'했던 종목은 단연 텐센트였다.

2010년경에 홍콩 주식 텐센트는 30~50HKD(홍콩 달러)를 보였다. 2010년에서 2014년 계속해서 성장해왔다. 2014년 초에 주가가 HKD 500~600 사이였다. 2014년 5월에 1주를 5주로 분할하는 액면분할을 실시했다. 그리고 난 뒤 2015년에 150달러 정도를 보였다. 액면분할 한 가격이므로 분할 이전 가격으로 보면 750달러였다. 그리고 2016년에는 190달러(950달러)로 올랐고, 2017년에는 HKD 400 초중반까지 갔다. 2020년에는 HKD 520~530였고, 2021년 초반에는 600대였고, 연말에는 400대로 내려갔다.

2022년에는 중국의 제로 코로나 정책 여파로 소비 심리가 위축되고 경기 둔화가 겹치면서, 주가가 200 HKD 밑으로 내려가기도 했다. 그러나 2023년에는 투자 심리가 회복되어 290~330 HKD로 회복했고, 2024년에는 점진적인 상승세를 보였다. 2025년 상반기에는 500 HKD 수준까지 올라왔다. AI 기술 개발과 서비스 확대 기대감 덕분이었다. 특히 2025년 1분기 실적은 매출과 순이익 모두 시장 예상치를 뛰어넘었다.

2010년 초에 시작한 홍콩 주식 투자는 나에게 적지 않은 수익과 큰 기대감을 안겨주었다. 물론 늘 오르기만 한 것은 아니었다. 2010년부터 2020년까지의 10년은 무척 유쾌했지만, 이후에는 하락이 이어져 우려스러운 순간도 많았다. 지금 돌이켜보면 한때의 꿈 같기도 하다. 다만, 더 오랜 기간 인내할 수 있었더라면 지금보다 훨씬 큰 수익을 얻었을 것이라는 생각도 든다.

단순히 계산하면, 2010년 HKD 30이던 텐센트가 2025년 HKD 2500(500 이자만 1/5로 액면분할한 주가)로 80배 넘게 올랐다. 물론 내가 그 수익률 80배를 먹은 건 아니다. 나는 텐센트 주식을 몇 년간 들고 있으면서 몇 배의 수익을 냈고, 그것도 충분히 감사하다고 생각한다.

홍콩 항셍지수는 2019년부터 2025년 7월 초까지 상당한 부침을 겪었다. 2019년 내내 홍콩의 대규모 반정부 시위로 투자 심리가 위축되었다. 25,000~30,000 사이를 보였다. 2020년에는 코로나 팬데믹, 2022년에는 하락장이 매우 심해 15,000대까지 밀렸다. 2023년, 2024년까지도 15,000~18,000대 사이였다. 2025년 지금 20,000~24,000 사이에서 움직이고 있다. 2019년과 2021년에

30,000을 넘어섰던 시기를 떠올리면, 다시 한번 상승 여력이 있지 않을까 조심스레 기대해본다.

베트남 주식 시장도 들여다보고

당장은 아니더라도 중장기적으로 베트남 주식에 관심을 갖는 게 좋겠다. 베트남은 지금도 그렇지만, 앞으로도 성장 가능성이 많은 나라다. 국민 평균 연령이 30대 초반이고, 경제 성장률도 높다. 한국보다 몇 배는 빠르게 성장하고 있다. 그러므로 베트남 은행, 자동차, 식품 같은 기업들에 관심을 가지면 좋겠다. 한국은 이미 저성장 국면에 접어들었고, 경제 성장률이 1%대 이하로 떨어질 가능성도 있다. 새로운 원동력을 기대하기 어렵다. 그러나 해외에는 여전히 길이 있다.

앞으로 3~5년 안에 베트남 주식을 조금씩 담아두는 게 좋다. 지금 세계는 미국 트럼프 발 관세 협상 여파로 크게 흔들리고 있다. 과거 1997년 IMF를 겪었던 한국처럼, 앞으로 몇 년 안에 베트남도 경제 위기를 맞을 수 있다는 이야기가 나온다. 그러나 베트남은 1990년대의 한국처럼 엄청난 성장 활력을 가진 고성장 국가다. 반대로 한국은 이미 1990년대 일본처럼 저성장, 0% 성장 시대로 향해가고 있다. 베트남 주요 기업들에 관심을 두다 보면, 나름의 기회와 만날 수도 있을 것이다.

미국이 베트남을 엄청나게 띄워주고 발전되게 한 뒤, IMF 경제 위기의 한국 때처럼, 베트남의 알짜 자산들을 취득하기 위해 덤벼들 수 있다. 그런 때를 위해 평소에 현금을 확보해놓는 것도 방법이다. 그리고 틈틈이 베트남 주식 시장에 대해서도 관심을 두자. 베트남 은행 주식을 눈여겨보면 좋을 것 같다. 그 주식을 미리 사 두고 기다리면 언젠가 큰 수익을 가져다줄 것이다.

미국이 조장하는 전 세계 경제 위기 시기에 베트남 경제도 크게 흔들릴 것이다. 베트남의 많은 기업들이 몰락하고 파산하며, 통폐합되고 정리될 것이다. 그때를 기다리며, 돈을 갖고 있어야 될 거 같다. 그렇게 구조조정을 한 이후에, 다시 베트남 주식 시장에 거품이 생길 것이다. 그때 주식은 미친 듯이 오를 것이다.

베트남 주식 중에서도 주식 배당이든 현금 배당이든 배당을 많이 하는 기업들, 그리고 매출, 이익 성장 가능성이 큰 기업들을 조사해놓는 게 좋다. 그리고 마치 저축하듯이 조금씩 사 놓으면, 그 주식들이 우리 삶에 큰 도움이 될 것이다. 멀리 내다보고 천천히 사 모아가는 게 좋겠다.

베트남 주식은 코로나 시기 660까지 떨어진 적이 있다. 앞으로 그만큼 혹은 그 이하로 떨어질 수도 있다. 최악의 상황을 염두에 두고 접근해야 한다. 하지만 위기 이후 반등은 늘 있었고, 외국 자본이 들어오면 주식 시장은 다시 불붙는다.

북한도 기회가 될 수 있다. 만약 북한이 개방해 주식 시장이 열린다면, 반드시 주목해야 한다. 북한 평양은행이 상장한다면, 그 주식은 무조건 사야 한다. 북한은 과거 중국이 걸어온 길을 따라갈 것이고, 그만큼 폭발적인 성장이 가능하다. 밑바닥에서 출발하기 때문이다. 트럼프가 북한 개방을 추진하려 한다는 이야기도 있다. 여러 조건이 맞아떨어진다면 북한 주식은 폭풍 성장할 것이다.

이처럼 앞으로 10년, 20년 이상 경제 성장률이 높을 신흥국에 집중해야 한다. 그중 하나가 바로 베트남이다. 각 산업의 1등 기업, 독점적 지위를 가진 기업, 고배당 기업, 생필품 기업에 관심을 가져라. 그리고 평생 보유하며 배당을 두둑이 받아, 노후의 버팀목으로 삼는 것이다. 시간이 걸리겠지만, 멀리 내다보고 차근차근 사 모은다면 충분히 승산이 있다. 사놓고 오래오래 지켜보면, 나쁘지 않을 것이다.

미국 주식 시장에서도
길이 있나 보고

지난 몇 년 사이에 한국 투자자들에게 미국 주식에 대한 인기는 엄청났다. 워낙 국장에서 손실을 본 이들이 많아서 상대적으로 미국장에 대한 열기가 더 커졌던 것도 있는 것 같다. 그리고 미국 주식 시장이 세계 최대 규모이고, 전 세계 주식 시장의 40% 이상을 차지하고 있으니, 미국 장에 투자하면 전 세계에 투자한다고 봐도 무방할 정도였다. 하루 평균 거래 금액이 300조로 한국 시장의 30배가 넘는 수준이다. 국내 투자자들이 충분히 매력적으로 느낄 만하다.

애플, 엔비디아, 아마존, 테슬라 같은 혁신 기업들이 주가를 이끌었다. 또한 미국은 주주환원 문화가 자리 잡아 배당 지급, 자사주 매입 등을 통해 주주 가치 제고를 최우선으로 삼았다. 이런 환경이 국내 투자자들을 더욱 끌어들였다. 2024년과 2025년 상반기 동안은 원·달러 환율이 높아 환차익을 기대할 수 있었고, 달러 자산 보유가 리스크 헷지 역할을 해주기도 했다.

무엇보다 접근성이 달라졌다. 과거에는 해외 주식을 사려면 거래 가능한 시간대에 증권사에 직접 전화를 걸어야 했지만, 지금은 모바일로 손쉽게 매매할 수 있다. 증권사들의 마케팅과 유튜버들의 홍보도 열풍에 불을 붙였다. 게다가 국장에서는 대주주들이 소액 주주의 이익을 침해하는 일들이 반복되면서, 투자자들은 미국장으로 더 몰려갔다. 물론 차이점도 있다. 해외 주식은 양도차익 250만 원을 초과하면 22% 세금이 부과된다. 하지만 지난 몇 년간은 세금 문제에도 불구하고 많은 투자자들이 미국 주식에서 시세 차익과 배당을 동시에 누리며 만족스러운 성과를 냈다.

그러나 이제는 고민해야 한다. 앞으로 저유가, 저달러, 원화 강세 시대가 온다면 환율 때문에 손실을 볼 수 있다. 원·달러 환율이 1,350원에서 1,100원, 1,200원으로 내려가면, 주가가 그대로여도 환차손이 발생한다. 단순히 보유만 하고 있어도 손해를 보는 억울한 상황이 벌어질 수 있다.

더 큰 문제는 미국 경제 자체다. 지금 미국은 주요 교역국들과 관세 협상을 벌이고, 한국·일본에는 국방비 부담까지 요구하고 있다. 이는 미국의 경제 사정이 예전만 못하다는 신호다. 미국 주식 시장에 상장해 있는 혁신적인 기업들이 전 세계 시장을 무대로 거래하고, 고객들이 환호했는데, 다른 나라들의 부담이 늘어나면, 미국의 주요 기업들의 제품을 덜 구매할 가능성이 커진다. 결국 지금의 미국 트럼프 정부가 내세운 관세 정책 등이 미국 주식 시장의 침체를 부를 수 있다고 본다. 그리고 그 미국 주식 시장에 투자한 많은 국내 투자자의 손실로 이어질 게 분명하다. 그러니, 미국 주식 시장에 마냥 큰 금액의 투자를 하고 있을 수는 없다. 이제는 국장에 관심을 갖는 게 더 좋다고 생각한다.

《주식 타짜》를 읽고

허영만의 《주식 타짜》를 읽다 보면, 나도 모르게 내 안에서 욕망이 꿈틀거린다. 성공 사례를 들으면 근거 없는 자신감이 차오른다. 고작 그들의 이야기를 들었을 뿐인데, 나도 곧 그렇게 할 수 있을 것 같은 착각이 든다. 그러나 착각은 망상이다. 이런 말도 안 되는 생각을 경계해야 한다. 주식 고수들의 성공담을 읽었다고 내가 바로 그들처럼 돈을 벌 수는 없다. 그럼에도 불구하고, 그들과 같은 고수가 된 듯한 착각에 빠지는 나를 보면, 참으로 인간의 마음가짐이 중요하다는 것을 새삼 깨닫게 된다.

그냥 대충 마음먹어서 큰돈을 벌 수 있는 일은 생기지 않는다. 요행을 바라고, 쉽게 돈 벌겠다고 마음먹은 이들은 대부분 몰락하고 무너질 것이다. 정신을 차려야 된다. 정말 천재일우의 기회가 와야 큰돈을 버는 거다. 조상이 도와줘야 크게 수익을 낼 수 있다. 그런데 언제든 그 복이 내게 올 거라고 믿고, 베팅하면 대부분은 실패한다. 극소수의 성공을 너무 쉽게 봐서는 안 된다. 그런 마음으로 이 책을 읽으면 독이 될 수 있다. 아마 나에게는 이 책이 독이 되는 거 같았다. 배우는 게 아니라, 욕심이 생기려 했기 때문이다.

수백만 개미들이 주식 시장에서 돈을 잃는다. 처음에는 다들 벌 수 있을 것 같아 희망을 품는다. 주변에서 수익을 냈다는 이야기가 들리면 흥분된다. 그러다 보면 월급이 하찮게 느껴지고, 곧 경제적 자유를 누릴 수 있을 것 같은 착각이 든다. 화려하고 멋진 주식 고수가 된 내 모습을 상상한다. 어느 정도 수익을 보면, 적당히 먹고 빠져나와야 하는데, 잘 안된다. 돈을 번 사람들은 돈을 벌었다는 기억 때문에 더 베팅한다. 잃은 사람들은 만회하기 위해 돈을 더 집어넣으려 한다. 어쩌면 개미들은 주식 시장의 거품을 키우는 재물일지도 모른다.

개미들은 자신이 사냥꾼인 줄 알고 뛰어들지만, 실제로는 사냥감 신세가 되기 쉽다. 그러니 냉정하게 자기 처지를 파악해야 한다. 자기 객관화가 필요하다. 주식 투자에서 자기만의 원칙과 태도가 중요하다. 하지만 그런 태도와 마음가짐은 그냥 생기지 않는다. 죽을 것 같은 절체절명의 위기를 거쳐야 겨우 만들어진다. 실패 없는 성공은 없다. 수많은 위기를 넘긴 뒤에야 비로소 판단력, 의지, 결단력이 생긴다. 각고의 노력을 쌓은 끝에야 겨우 작은 원칙이 생기는 것이다.

주식은 단기간에 승부를 걸 수 있는 게임이 아니다. 그런데 사람들은 조급하다. 옆에서 누가 몇억 벌었다는 소리를 들으면, 나만 뒤처진 것 같아 조바심이 난다. 하지만 시장은 내 뜻대로 움직이지 않는다. 수많은 개미가 몰려들었다가 또 사라진다. 이곳에서 오래 버티고 살아남으려면, 극도의 인내심이 필요하다. 내 생각이 어제는 맞아떨어졌지만, 오늘은 틀릴 수 있다는 사실도 인정해야 한다. 결국 주식 시장은 고도의 심리 게임이다. 시장을 이기는 길은 단 하나, 더 오래 기다리고 버티는 것뿐이다. 더 큰 이익에는 더 큰 기다림이 필요하다.

주식 투자, 빚투가 늘어나면, 결말은 뻔하다

'빚투'는 빚을 내어 투자하는 것을 말한다. 2025년 상반기, 코스피가 급등하면서 투자자 예탁금과 신용융자 잔고가 큰 폭으로 늘었다. 예탁금만 69조 원을 넘었고, MMF·CMA 자금까지 더하면 370조 원 이상이 시장을 노리고 있다고 한다. 겉으로는 뜨겁지만, 안으로는 우려스러운 모습이다. 미래가 불안하니 투자로 자산을 불리려는 마음은 이해할 수 있다. 그러나 이럴수록 더 경계심을 가져야 한다. 지금 가계 금융 자산은 역사상 최대치로 주식에 쏠려 있다. 해외 투자도 마찬가지다. 반대로 예금 비중은 역대 최저다. 남는 돈을 곧바로 투자하는 건 물론이고, 상당수가 빚까지 내서 투자하고 있다는 사실이 문제다.

사람들은 "얼마를 투자해 얼마를 벌었다"는 말에 쉽게 넘어간다. 연예인도 투자한다, TV에 나와 안 하는 사람이 없다는 소리가 돌면 조바심이 난다. 나도 돈 벌고 싶다는 마음에 뛰어든다. 그런데 시장이 어떻게 흘러가는지 잘 모른다. 그러다 보니, 누가 추천해주는 종목을 사서 돈을 벌었다는 이야기를 듣고, 나도 모르는 사이에 주식 리딩방에 들어가서 주식 종목을 추천받아 산다. 그렇게 남이 추천해주는 주식을 샀는데, 실제로 돈을 벌면, 확신을 갖는다. 그리고 계속 오른다고 하면서 돈을 더 집어넣는다. 한참 지나고 보면, '내가 호구였구나. 사기를 당했구나'라고 뒤늦게 깨닫게 된다. 주식회사 30~40년 증권사에 다닌 사람도 모르는 게 시장인데, 정체 모를 리딩방 전문가에게 넘어가면 피해는 뻔하다. 그렇게 수많은 개미들이 당했다.

'수익률 얼마', '수익을 얼마로 보장한다' 이런 말도 다 사기다. 피해를 봐서 고소해도 피해액을 제대로 보상받기 어렵다. 확인되지 않는 풍문을 올려놓고, 투자를 유도한다. 그런데 금전적 피해를 봐도, 사기라는 것을 증명시키고 사기죄로 처벌받게 하기가 참 어렵다. 그러므로 아예 엮이지 않는 게 최고다. 주식으로 돈을 엄청나게 벌었다는 말을 들으면, 나도 그렇게 돈 벌고 싶다는 마음이 생긴다. 그게 당연하다. 그런데 그리 쉽게 벌 수 있는 것은 없다. 대통령과 친분 있다는 기업, 특정 정치인의 테마주라며 분위기를 띄우는 것도 투기꾼들의 수법이다. 그리로 따라가면 결말은 패가망신이다.

생각해보라. 말만 듣고 다들 부자가 될 수 있다면, 지금쯤 모두가 부자가 되었을 것이다. 하지만 실제로 주식으로 큰 부를 이룬 사람은 극소수다. 호황기에 잠시 돈을 벌었다는 이들이 있지만, 오랜 시간을 두고 보면 결과는 다르다. 착각하면 안 된다. 빚투는 본질적으로 위험하다. 언론조차 연일 경고할 정도라면 이미 심각한 상황이다. 신용잔고 69조 원, 코스피 최고치라는 사실은 동시에 위험 신호다. 그런데 아마 거품이 더 갈 거 같다. 최소 몇 년간은 거품이 더 커질 거 같다.

앞으로 대출 이자는 늘어나고, 자영업 폐업도 증가할 것이다. 물가는 오르고, 실업자는 더 많아질 것이다. 모두 힘들다고 말하는 시기일수록 '한 방에' 해결하고 싶다는 유혹이 커진다. 주식 시장만 호황이면, 눈이 돌아가기 마련이다. 새 정부는 주식 시장 활성화를 위해 상법 개정, IFRS 18 적용, MSCI 지수 편입까지 추진 중이다. 이런 이슈들로 주가는 더 오를 수 있다. 그러나 실제 경제 상황은 그렇지 않다. 정말 기업의 실적이 좋아서 오르는 것인지, 아니면 투기 심리로 끌어올린 것인지 반드시 구분해야 한다.

정말 잘 고려해서 주식 투자를 해야 한다. 무리하게 빚내어 투자하는 것은 투기다. 절대 결론이 좋을 리 없다. 이를 잊어서는 안 된다.

다큐 〈벼락 거지가 될 순 없어, 2030 주식 투자 분투기〉를 보고

왜 2030들은 주식 투자를 할까? 그들에게 주식은 기회이자 희망이다. 앞으로 몇 년간은 이 말이 맞을지도 모른다. 그래서 철저히 공부하고 최대한 안정적인 방법으로 자산을 늘려야 한다. 하지만 투자와 투기를 혼동해서는 안 된다. 요즘은 "주식 안 하면 바보다"라는 말까지 들린다. 정말 바보일까? 반드시 지금 뛰어들어야 할까? 벼락부자라는 말은 있어도 벼락거지라는 말은 없었는데, 최근에 언론이 만들어낸 신조어로 사람들을 유혹시킨다.

요즘은 주식 이야기가 넘쳐난다. 모이면 전부 주식 이야기뿐이라고 한다. 그러나 그렇게 많은 이들이 뛰어든 시장에 과연 기회가 얼마나 남아 있을까? "완전히 성공하거나 서울역에 가거나 둘 중 하나다"라며 승부를 걸어야 한다는 말도 돈다. 하지만 그런 모험은 금세 거지가 되는 지름길이다. 세상이 그렇게 호락호락하다면 좋겠지만, 대부분은 주식에 얽히면 돈을 잃는다.

"얼마 먹었다"는 자랑이 사람들을 더 끌어들이고, 시장은 개미들을 계속 모아들인다. 빚까지 내라는 말까지 퍼진다. 그러나 진짜 호재가 아니라 사람들이 만들어낸 가짜 호재로 주가가 오르면, 그건 이미 끝물이다. 대학생이 공부는 제쳐두고 주식에 뛰어든다고 치자. 설령 돈을 벌더라도 그게 오래 지켜질 수 있을까? 착각하지 말아야 한다. 욕심만 커질 뿐이다.

2030들의 주식 계좌가 빠르게 늘고 있다. 반면 5060세대의 신규 진입이 거의 없다. 이는 무엇을 의미할까? 5060은 세상 풍파를 오래 겪으며 쉽게 속지 않게 된 것이다. 반대로 2030은 아직 세상을 몰라 기득권에게 이용당하기 쉽다. 그러나 정작 그 사실을 그들은 잘 모른다. 그저 "주식이 유일한 기회다, 돌파구다"라며 희망회로를 돌리는 것이다. 주식 투자로 자산을 늘리는 건 분명 필요하다. 맞다. 그러나 탐욕이 지나치면 결국 무너진다.

자본소득 극대화를 외치는 재테크 업자들의 말에 넘어가면 평생 거지로 살 수 있다. 주위에서 다 한다고 해서 반드시 나도 해야 하는 건 아니다. 먼저 내가 뛰어들 자격이 있는지 냉정히 따져야 한다. 욕심만 부리고 무턱대고 달려들면, 빚쟁이가 되어 평생 고개 숙이고 일만 할 수도 있다. 대출 금리가 낮다고, 주식이 대세라며 덤볐다가 남들은 벌어도 나는 손해 볼 수 있다. "남들이 다 부자 된다"는 말이 곧 "나도 된다"는 뜻은 아니다.

주식 투자는 절대로 짧게 치고 빠지는 단기 승부가 아니다. 오랫동안 살아남을 궁리를 하고, 최대한 안전하게 잘 관리하며 살아야 한다. 그래야 경제적 죽음을 피할 수 있다. 정신 바짝 차리고 지내야겠다는 생각을 이 다큐멘터리를 보며 다시 느꼈다. 투자로 돈을 버는 사람은 극소수다.

내가 그 극소수에 속할 거라는 환상은 버려야 한다. 평범한 보통의 사람이 시장을 이기는 길은 단 하나다. 좋은 주식을 평생 소유하고 지켜가는 것, 그것이 답이다.

주식 시장, 개미지옥

　개미들이 돈을 빌려서 주식을 사면 주식 시장이 더 가파르게 오를 것이다. 급하게 오른 주식은 언제든지 폭락의 위험을 안고 있다. 그런데 사람들은 자기 주식이 오르면, 영원히 오를 것처럼 착각한다. 가파르게 오르면 내릴 때는 더 무섭게 내린다는 것을 알아야 하는데 말이다. 불편하지만 이게 현실이다.

　삼성전자 같은 우량주를 사야 한다는 기사를 봤다. 물론 삼성전자가 망할 일은 없을 것이다. 다만 지금 가격이 과연 저가 매수 기회인지, 조금 더 기다려야 할지는 각자의 판단이다. '바닥'이 어딘지 모르는 상황에서 무작정 뛰어드는 것은 위험하다. 기회라고 본다면 자기 돈으로 천천히 들어가는 것은 나쁘지 않다. 그러나 아직 때가 아니라고 생각한다면, 좀 더 살펴보고 움직이는 게 현명하다.

　당분간은 새 정부 효과 때문에 한국 증시가 요동을 칠 것이다. 이미 주가가 2025년 4월보다 오른 상태다. 최소 몇 년간은 주식 시장이 더 오르는 호황을 맞게 될 것이다. 생각보다 너무 빠르게 오를 수 있다. 그래서 더욱 사람들이 몰려들 것이다. 다들 흥분해서 난리가 날 것 같다.

이런 때에는 더욱 경계심을 갖고 지켜보는 게 좋겠다. 서두르지 않아야겠다. 하지만 조급함을 멀리하기는 쉽지 않다. 남들 다 하는데 나만 안하면 바보 될 거 같은 기분이 든다. 그러나 정말 돈을 벌기 위해서는 휩쓸리지 않아야 한다.

나는 개인적으로 한국쉘석유를 눈여겨보고 있다. 한때 주가는 216,500원까지 내려갔고, 배당은 27,000원을 지급했다. 나는 25만 원일 때 매수했는데, 지금은 어느덧 48만 원을 오르내리고 있다. 내가 25만 원에 샀을 때는 배당수익률이 10%가 넘었다. 엄청나게 높은 수치다. 지금 주가로 보면, 배당률이 6.3%지만, 그래도 여전히 높은 배당수익률이다. 맥쿼리인프라도 10,250원일 때 샀다. 배당액이 700원이니 단순 계산으로 수익률이 7%다. 지금은 주가가 1.1만 원대여서, 배당수익률이 5~6%대다. 그래도 충분히 매력적이다. 이러한 안정적인 배당금을 주는 주식이 좋다.

계속 주식 투자해오던 개미들은 웃고 울 것이다. 수익이 높으면 높은 대로 흥분하고, , 손실이 나면 좌절한다. 행여라도 대출로 주식 투자를 하는 이들은 도파민이 더 많이 분비되고, 도박판에 있는 것 같은 느낌을 갖게 될 것이다. 견디기 어려울 것이다. 고민이 많을 것이다. 오르면 오르는 대로, 내리면 내리는 대로, 밤잠을 설치는 이들이 꽤 많을 듯하다. 그러나 차트를 너무 자주 보는 건 독이다. 현실에서의 삶은 사라지고, 스마트폰 속 숫자만 바라보는 나날이 된다.

나는 아무쪼록 개미들이 또 험난한 고초에 시달리지 않기를 바랄 뿐이다. 과도한 흥분이나 실망도 좋지 못하다. 지루하고 재미없어 보이는 투자 방식이 가장 낫다. 우직하게 사고, 그냥 잊어버리는 게 제일 좋다. 그러면서 나의 본업, 내 일상에 집중하는 게 최고다. 그래야 일상을 지킬 수 있다. 매일 주식 창 본다고 안 오를 주가가 오르는 게 아니다. 도리어 내 소중한 시간만 낭비할 가능성이 크다.

투자했으면 묻어두는 것이 제일 좋다. 남들이 흥분해 환호할 때일수록, 나는 오히려 두려워하고 조심해야 한다. 겁이 날 때는 최대한 움직이지 말고 주위를 살펴야 한다. 그래야 나의 목숨 같은 돈을 지킬 수 있다.

길게 보고 들어가는
주식 투자 이야기

　대한항공은 절대 망할 리 없다. 그 기업의 근간이 '물류'이기 때문이다. 물류는 운임을 받고 물건을 옮겨주는 일이다. 그들은 최소한의 이익을 붙여 움직인다. 그들이 멈추면 무역도, 배송도 아무것도 안 된다. 또한, 경쟁자가 쉽게 뛰어들 수 있는 영역이 아니다. 초기 자본이 엄청나게 들어가고 꽤 오랫동안 투자한 자금을 회수하는 형태다. 더군다나 지금의 대한항공은 아시아나를 먹어서 더욱 공룡이 되었다. 앞으로도 계속 좋아질 수밖에 없다. 당장은 아니지만 몇 년 지나면 아시아나와 통합한 효과도 볼 것이다.

　생리대, 화장지, 샴푸 같은 생활필수품을 취급하는 기업들도 탄탄하다. 경기가 좋든 나쁘든 상관없이 계속 구매해야 하는 품목이어서 그렇다. KT&G도 마찬가지다. 담배는 독점이다. 다른 회사가 제조하지 않는다. 흡연하는 인구들은 쉽게 줄어들지 않고 그들은 웬만해서는 죽을 때까지 평생 충성고객이다. 수익이 제대로 보장되어 있다. 이런 기업들에 투자하면 크게 손해날 일은 없을 듯하다. 물론 사고팔고를 반복하며 계속 단타로 움직이면 이 또한 투기, 위험이 될 수 있는 건 당연한 이야기다.

강원랜드 같은 카지노 역시 쉽게 무너지지 않는다. 불황일수록 한탕을 노리는 사람들이 늘고, 도박장은 더 붐빈다. "세상에서 가장 무서운 중독은 도박"이라 했는데, 알코올 중독보다도 더 무섭다. 도박에 빠지는 사람이 많아질수록 카지노의 이익은 커진다. 무섭지만 부정할 수 없는 현실이다. 여기에 중국 관광객까지 몰려든다. 또 하나의 중독, 커피도 그렇다. 동서의 맥심 커피와 스틱 커피는 오랫동안 사람들의 입맛을 붙잡아왔다. 대체재가 쉽게 자리 잡기 어려운 업종이니, 역시 기회가 될 수 있다.

오랫동안 꾸준히 배당을 안정적으로 해오고 있는 기업 중에서 독점적이고, 생활 필수품을 취급하는 곳이면 더할 나위 없이 좋다. 주식을 저축한다고 생각하면 좋겠다. '1년, 2년이 아니라 20년, 30년 혹은 평생을 보유해서 가지고 간다'라는 마음으로 들어간다면 괜찮을 것이다. 나도 그런 마음으로 하나씩 둘씩 사 모을 작정이다. 진작에 그랬어야 했는데 뒤늦게 깨우쳤다. 적지 않은 돈을 날리고, 이래저래 사고 다 친 다음에야 겨우 알게 된 사실이다.

이제라도 정신 차리고 평생 보유할 주식들만 눈여겨보고 사들일 생각이다. 그렇게 하면 당장 큰 부자가 될 수는 없어도 시간이 지나갈수록 나름 탄탄한 주식 계좌가 될 것이라 본다. 당장은 열심히 노동으로 먹고살고, 안정적인 노년을 위해 지금부터 준비할 작정이다. 꾸준히 사 모아 가면, 분명 나중에 큰 보답을 받을 것이다. 그렇기에 단기간에 주식 수를 늘리거나, 무리할 생각은 없다. 돈이 생기는 대로, 조급하지 않게 10년, 20년 이상을 내다보고 꾸준히 사 모을 작정이다. 그렇게 자산을 안정적으로 늘려갈 가능성을 높일 것이다.

Chapter 3

앞으로 2025년 하반기, 2026~2028년 한국 주식 시장 대폭등

앞으로
한국 주식 시장이 뜬다

앞으로 한국 주식 시장은 대세가 될 것이다. 이미 그 조짐이 보이고 있다. 최근 한국의 주요 면세점들이 대거 희망퇴직을 단행했다. 매출과 수익이 급감해 더는 버티기 어렵다는 판단에서다. 그러나 아이러니하게도, 이렇게 고정비를 크게 줄여놓으면 조금만 매출이 늘어나도 순이익은 순식간에 개선된다. 그리고 머지않아 관광객들의 유입이 본격적으로 늘어날 것이다.

한때 '황금알을 낳는 거위'로 불리던 면세점은 지금 매우 어려운 국면에 놓여 있다. 고환율, 관광객들의 쇼핑 패턴 변화(단체 관광에서 개별 자유여행으로의 전환), 그리고 코로나의 여파까지 겹쳤다. 2019년 24조 원이던 면세점 시장 규모는 2024년 14조 원으로 축소되었다. 현대, 신세계, 롯데 등 대형 면세점들이 잇따라 점포를 줄였다. 특히 2010년대까지 급성장을 구가하던 면세점은 중국의 '한한령' 이후 매출이 급감했고, 코로나 팬데믹으로 더 큰 타격을 받았다.

그러나 흐름은 바뀌고 있다. 2025년 5월 초순, 한한령 해제 분위기가 급물살을 탔다. 그 직후 엔터주들이 폭등했다. 하이브, 에스엠, YG엔터테인먼트는 52주 신고가를 찍었고, JYP를 제외한 3사는 4월 한 달 동안 수직 상승했다. 불과 1년 전만 해도 실적 부진과 주력 아티스트의 부재로 신저가를 기록했던 기업들이었다. 하지만 중국 내 K-팝 콘서트 개최가 예고되면서 투자자들은 다시 열광하기 시작했다.

화장품 업종도 활기를 되찾았다. K-뷰티 인기에 힘입어 국내 주요 화장품 기업들의 매출은 지난해 같은 기간보다 152% 증가한 1,650억 원을 기록했다. 에이피알, 코스맥스, 한국콜마, 브이티, 파마리서치, 아모레퍼시픽 등이 주목받으며 주가가 상승세를 이어가고 있다. 이는 일시적인 모습이 아니라, 한동안 지속될 것으로 보인다. K-뷰티, 화장품의 인기가 늘어난다는 것은 곧, 한국 관광객 증가로도 이어진다고 할 수 있다.

관광객 증가로 인해, 호텔신라, 하나투어, 롯데관광개발 파라다이스, GKL, 강원랜드 등의 종목들도 인기를 끌 것 같다. 앞으로 원화 강세, 저달러, 저유가 등으로 인한 국제 관광 특수는 대폭 늘어날 것으로 보인다. 특히 동남아 젊은 관광객들이 대거 한국을 방문할 것으로 예상된다.

이러한 한국 상황을 잘 내다보면, 충분히 주식 투자로 수익을 실현하는 것이 가능해 보인다. 그러니, 관심을 가지고 지켜보는 게 좋을 것 같다. 2025년 하반기부터 최소 몇 년간은 한국 주식 시장의 특수가 시작될 것 같다.

왜 2026년부터 2028년까지 한국 주식 시장이 오를까?

　앞으로 북한 개방은 필연적이다. 미국 트럼프는 북미 수교, 북한 경제 개방을 이뤄낼 것으로 보인다. 2025년 말, 2026년 초에 북미 정상회담이 있을 거라는 이야기도 계속 나온다. 그만큼 예상보다 빠른 속도로 북한 개방이 있을 것 같다. 그렇게 되면, 한국은 북한 재건 비용을 상당 부분 감당해야 한다. 그런데 한국 정부의 재정은 턱없이 부족하다. 그렇다면 어디에서 그 막대한 돈을 마련할까? 한국 증시를 부양해서 엄청난 자금을 유입시켜 그 자금으로 북한 투자 자금을 마련할 것 같다. 일본의 1980년대 투자 자금 확보와 비슷한 방식을 선택할 가능성이 크다.

　일본은 1985년 플라자 합의 이후, 엔화 절상으로 일본 증시에 엄청난 자금이 유입되었다. 그리고 엔고 때문에 일본 국내에서 상품을 생산해서 해외 수출하는 것이 경쟁력을 잃게 되는 상황에 이르렀다. 그렇기에 비용 절감 차원에서, 해외에서 생산해야 된다는 생각을 하게 된다. 그리고 해외로 생산기지를 옮기려면 돈이 필요했다. 그 돈을 마련하기 위해 일본 주식 시장을 이용했다. 일본도 1980년대 초반까지만 해도 지금의 한국처럼 기업의 경영진들이 도덕적 해이, 대주주 이익만 추구해서 문제가 많았다. 일본 국민들이 일본 주식 시장을 외면했었다.

1985년 플라자 합의 이후, 엔화 절상으로 일본 증시에 엄청난 자금이 유입되었다. 엔고로 인해 일본 내 생산품의 가격 경쟁력이 약화되자, 일본 기업들은 생산기지를 해외로 옮기려 했다. 그러나 해외 생산기지 건설에는 막대한 자금이 필요했다. 그 돈을 일본 정부는 증시를 부양해 마련했다. 당시 일본 증시도 지금 한국처럼 대주주 중심의 도덕적 해이로 국민들에게 외면받던 시절이었다. 그러나 정부가 증시를 살리면서 대규모 자금이 몰렸고, 일본 기업들은 태국, 인도네시아, 말레이시아, 필리핀 등에 중장기 투자를 단행했다. 이 자금이 일본의 '잃어버린 30년'을 버텨내는 자산이 되었다.

이러한 역사적 사실을 잘 알고 있는 한국 정부도 일본과 비슷한 결정을 할 가능성이 크다. 현재 한국 새 정부는 부동산 부양에 힘을 쏟을 수 없다. 이미 거품이 잔뜩 끼어 있어 연착륙이든 경착륙이든 고민해야 할 상황이다. 그래서 그냥 놔두고 구조조정이 되도록 지켜볼 것이다. 그리고 국민들의 관심을 주식 시장으로 옮겨가게 해서 내수 부양에 나설 것이다.

월급은 제자리인데, 주식 시장에서 주가가 올라서 평가 자산금액이 늘어나고, 배당을 많이 받게 되면, 부자가 되었다는 기분으로 소비를 늘리게 된다. 그것을 위해서라도 새 정부는 주식 시장 활성화에 전력 질주할 것이다. 그렇게 되면, 개미들이 더욱더 주식 시장에 뛰어들게 된다.

그러므로 최소 몇 년간은 주식 시장에 길이 있다고 본다. 물론 그것이 영원히 계속되는 것은 절대 아니다. 시작이 있으면 끝도 있는 법이다. 어느 날 갑자기 오른 것들이 계속 유지되지는 않는다. 어느 시점이 되면, 거품은 꺼질 수밖에 없다. 다만, 지금은 한국 증시 대폭발의 시작점에 있으니, 마음 단단히 먹고 롤러코스터에 올라타는 게 좋을 것 같다.

한국 주식 시장
폭등 이후는?

　나는 2025년부터 2028년 상반기까지는 한국 증시가 폭등할 것으로 본다. 그 기간은 자산을 늘릴 수 있는 좋은 시기다. 그러나 계속 고공 행진하는 것은 아니기에, 언제든지 빠져나올 시기를 고려해야 한다. 개인적으로는 2028년 상반기 중에는 빠져나오는 게 좋을 거라고 본다. 만약 조바심이 난다면 2028년 1분기에 나오는 것도 나쁘지 않을 것이다.

　물론 정확한 시점은 2027년, 즉 그 전년도 분위기가 어떤지 따져봐야 한다. 아주 딱 맞아떨어지지는 않겠지만, 일본의 주식 시장 급등이 1985년부터 1989년까지 일어났던 것과 비교해서 살펴보자. 대략적인 분위기를 파악할 수 있을 것이다.

　일본 증시는 1985년 연초에 1.2~1.3만 정도였다. 그리고 1985년 연말에 14,000에 근접했다. 1986년에는 초저금리 정책 본격화되면서 1986년 연말에 18,000~19,000 사이였다. 그리고 1987년에 자신 시장 과열이 심해져 연말에는 21,000~22,000까지 올랐다. 1988년 연말에 30, 000, 1989년에는 38,915를 보였다. 1989년에 사상 최고치를 기록한 것이다. 그러다 1990년에 반 토막이 났다. 1990년 10월에 최고점 대비 절반인 20,000 밑으로 내려간 것이었다. 그러면서 거품 붕괴의 서막이 시작되었다.

1991년에도 하락세는 이어졌다. 1991년 연말 22,000~23,000이었고, 1992년에는 16,000~17,000 사이였다. 1993~1995년에도 19,000~20,000 사이를 보였다. 최고점 대비 반 토막인 상태에서 조금 오르락내리락했다고 할 수 있다. 1985년에 들어갔던 사람들은 1990년에 반 토막이 났다 해도 수익 구간이었을 것이다. 그러나 1985~1990년까지 계속 투자 금액을 더 집어넣고 희망을 기대했던 이들은 최고점 3.9만과 비교해서 반 토막의 충격을 피할 수 없었을 것이다.

2024년에 들어와 1989년의 일본 주식 버블 당시의 최고치를 34년 만에 경신했다고 한다. 일본의 양적 완화, 구조개혁 등으로 경제가 되살아난 덕분일 것이다. 이런 사실을 볼 때, 한국 주식 시장도 2025~2028년 호황의 시기를 지나고 나면, 짧지 않은 기간 동안 주식 시장 침체를 보일 수 있을 거라고 생각한다. 그러므로 항상 냉정히 살펴봐야 한다. 이번 한국 주식 시장의 호황이 5년, 10년 계속되는 게 아니라, 몇 년 지속되고, 아주 험난한 하락기를 겪을 수 있다는 것을 잊지 말자.

코스피 5,000 시대를 열기 위해
상법 개정했다

주주 보호 상법 개정안이 2025년 7월 국회 본회의를 통과하고 공포되었다. 법제화된 것이다. 일부 조항은 공포 즉시 시행되고, 일부는 유예기간을 거쳐 시행된다. 새로운 정부가 들어선 뒤 단기간에 주가가 3,200을 넘었다. 거의 800~900포인트가 올랐던 셈이다. 물론 그 이후에는 잠시 주춤하기도 했지만, 여전히 주가는 오름세를 이어가고 있다. 상법 개정은 주주 행동주의 활성화, 코리아 디스카운트 해소에 긍정적인 영향을 줄 것이다.

한국 주식 시장은 오랫동안 다른 나라와 비교해 저평가되어 있다는 말을 들어왔다. 코스피가 2,000선을 넘어 3,000을 돌파했지만, 4,000, 5,000으로 가기 위해서는 더 확실한 뒷받침이 필요하다. 상장 기업 평균 PBR(주가순자산비율)이 1 미만이라는 사실은 여전히 주식이 제 가치를 인정받지 못했다는 증거다. 최소 3까지는 갈 수 있다는 전망도 나온다. 그동안 지배주주 중심의 불투명한 기업 지배구조가 불신을 키웠고, 이로 인해 한국 증시가 저평가를 받아왔던 것이다.

과거의 이사회는 전체 주주가 아니라 지배주주의 입장에서만 결정을 내려왔다. 소액주주가 손해를 보더라도 지배주주가 이익을 보면 상관없다는 분위기였다. 그러나 이번 상법 개정 이후에는 상황이 달라졌다. 소액주주들도 이제 이사를 상대로 손해배상 소송을 제기할 수 있게 되었다. 과거처럼 소액주주를 무시하기 어려워졌고, 기업들은 소액주주들을 위한 당근책을 내놓을 수밖에 없다.

새 정부가 주식 시장 활성화에 진심인 이유도 분명하다. 지금 부동산 시장은 한계에 봉착했다. 아무리 부양 정책을 쏟아내도 내수가 살아나지 않는다. 이미 부동산 명목 가격이 너무 올라 더 상승할 여지가 적다. 지방 부동산은 고사 직전이고, 2025년 현재 건설 투자는 외환위기 이후 최저 수준이라고 한다. 올해 건설 투자 성장률은 -6.1%로, 1998년 외환위기 당시 -13.2%, 1956년 -6.7%에 이어 역대 세 번째 낮은 수치다. 한국은 OECD 회원국 중 GDP 대비 건설 투자 비중이 가장 높은 나라다. 이처럼 역대급 건설 경기 악화는 한국 경제 성장률 전망치까지 끌어내렸다.

결국 새 정부가 집중할 수 있는 건 주식 시장이다. 부동산 부양은 한계가 있지만, 주식 시장은 이야기가 다르다. 월급은 제자리라도 자신이 가진 주식 평가금액이 오르고, 배당수익이 늘어나면 소비가 늘어난다. 내수 활성화에 직접적인 도움이 된다. 정부가 코스피 5,000 시대를 열기 위해 상법 개정까지 밀어붙인 이유가 바로 여기에 있다. 그러므로 지금 한국 증시에 관심을 두는 것은 결코 나쁜 선택이 아닐 것이다.

거짓말처럼 닮아가는 한국과 일본

한국의 미래를 보려면 일본을 엿보면 된다고 말한다. 극심한 저출산과 세계 최고 수준의 고령화, 인구 감소라는 문제에서 두 나라는 놀라울 만큼 닮아 있다. 일본이 먼저 겪은 일들을 거짓말처럼 한국이 따라가고 있기에 더욱 일본에 대해 연구나 관심이 필요하다고 한다. 일본의 잃어버린 30년을 한국이 그대로 따라가고 있다는 이야기도 많다.

한국은 이미 고도성장기를 지나 저성장 국면에 접어들었다. 일본이 1980년대 후반부터 증시 거품을 키웠던 것처럼, 한국도 2025년부터 유사한 흐름을 보이고 있다. 과도한 부채 부담 또한 닮은 꼴이다. 지금 한국은 6,000조 원이 넘는 부채로 허덕이고 있다. 이런 상황에서 또다시 빚을 내 주식에 투자한다면, 1990년대 초 버블 붕괴 때 몰락했던 일본의 대다수 국민들과 같은 처지에 놓일 수 있다. 1990년대 초반부터 시작된 일본 버블 경제 붕괴가 우리에게 주는 메시지를 잘 생각해야 한다. 2025년 6월부터 시작된 한국 주식 시장의 호황이 더욱 오버랩되어 보인다.

주식 투자하는 데 왜 일본과 비교하고, 거론하느냐고 의아해하는 분들도 있을 것이다. 그러나 일본과 비슷한 모습들이 너무 많아 일본의 사례를 철저히 파악해놓으면, 앞으로의 위기를 대비하는 데 큰 도움이 될 것이다. 그래서 우리는 철저히 일본을 들여다봐야 한다. 앞으로 한국에서 벌어질 일들이다. 2025년부터 2028년 초까지는 한국 주식 시장이 호황을 누리며 더 큰 거품을 만들 가능성이 크다. 그만큼 사람들은 더 들뜨고, 더 크게 취할 것이다.

한국 주식 시장은 삼성전자, SK 하이닉스 등 반도체 기업의 시가 총액 비중이 매우 높다. 그래서 반도체 산업의 영향을 많이 받는다고 봐야 한다. 그러나 앞으로는 좀 다른 양상을 보일 수도 있다. 그러한 기술주들이 어떤 주가 흐름을 보일지 잘 살피는 게 필요하다. 또한 상법 개정 통과, IFRS 18 적용, MSCI 지수 편입 가능성 등의 호재로 인해 다른 분야의 종목들의 오름세도 있을 것이다. 그래서 다방면으로 살펴보는 게 좋겠다.

일본 니케이 지수가 1만 대에서 1989년 3만 9,000까지 가파르게 오르고 난 뒤, 반 토막이 난 것처럼, 한국도 호황은 몇 년간 지속될 것이고, 그 이후에 큰 쇼크가 온다고 예상한다. 호황과 불황을 사이클처럼 겪을 것이기에 우리는 언제쯤 주식 시장에서 자산을 빼야 할지 생각해 둬야 한다. 그러한 'Exit 시기'를 잘 파악하고 대응해야 한다. 그래야 자산을 지킬 수 있고, 다가올 경제 위기의 파도를 피해나갈 수 있다.

1980년대의
일본 주식 시장을 본다

　1980년대 후반 일본 니케이 225 지수는 급등세를 보였다. 1983년 1만 엔 수준에서 1989년 말에는 거의 3만 9,000엔까지 치솟았다. 특히 1987년부터 1990년까지 불과 몇 년 사이에 3배 가까이 올랐다. 1989년 니케이 지수는 38,915라는 사상 최고치를 기록했는데, 이 수치는 2024년 2월이 되어서야 겨우 경신될 정도로 엄청난 고점이었다. 오죽하면 "도쿄를 팔면 미국 전체를 살 수 있다"라는 말까지 나왔겠는가. 당시에는 기업들이 본업보다 주식 투자에 몰두할 정도였다.

　개인들도 마찬가지였다. 소득 증가에 대한 기대감으로 미친 듯이 주식 시장에 뛰어들었다. 1989년 도쿄 증권거래소 상장사 시가총액이 세계 1위를 기록했고, 시가총액 세계 1위에서 5위까지가 모두 일본 기업이었다. 20위 안에 무려 14개가 일본 기업이었고, 당시 시가총액 1위였던 NTT는 2위 IBM보다 무려 3배 이상이나 컸다. 물론 지금의 한국 증시가 당시 일본만큼의 과열은 아니지만, 2025년 4월에서 7월 사이 코스피가 2,280에서 3,200으로 1,000포인트나 오른 것을 보면, 경계심을 가져야 한다.

영원히 호황이 계속될 것만 같던 일본 증시는 곧 급격한 변동성을 보였다. 1989년 3만 9,000선까지 올랐던 지수는 1990년 10월에 반토막이 났고, 1992년에는 1만 5,000선까지 떨어졌다. 1980년대 후반 일본 주식 시장은 정책 실패와 투기 심리가 결합해서 만든 전형적인 자산 버블이었다. 1989년 고점에 뛰어든 투자자들은 충격이 컸을 것이다. 1억을 넣었는데, 4,000만 원으로 쪼그라든다면, 멘탈이 온전할 리 없었을 테니까 말이다.

1990년대 초 버블 붕괴는 일본 국민에게 엄청난 충격을 안겼다. 수많은 사람들의 재산이 순식간에 줄었고, 빚을 내서 주식 투기를 한 사람들의 결말은 처참했다. 파산, 개인회생이 속출했고, 감당하지 못할 빚 때문에 가족이 야반도주하는 일도 흔했다. 생활고에 시달리고 가정이 파탄 나는 일이 비일비재했다. 기업들 역시 투자 손실을 떠안고 대규모 구조조정을 하거나 아예 파산하는 경우가 많았다.

버블 붕괴를 겪은 일본인들은 철저한 안정 지향적인 생활 습관을 갖게 되었다. 현금을 보유하고, 극단적인 절약을 실천하는 국민성으로 바뀌었다. 자산 붕괴로 인한 상실감과 충격은 사회 전체를 지배했다. 1980년대 호황기에는 과시와 여유로움이 넘쳤지만, 그 뒤로는 냉장고 문을 자주 열지 않는다든가, TV 채널을 자주 돌리지 않는다든가 하는, 믿기 어려울 정도의 절약 습관까지 생겼다.

우리라고 다를까? 이런 일이 절대 안 벌어진다고 누가 장담할 수 있겠는가. 그래서 두려움을 갖고, 경계하며 살아야 한다. 그래야 내 자산을 지키고, 거품 붕괴의 파도를 피할 수 있다.

주식
5,000 시대가 온다고?

이제는 대놓고 주가 수치를 이야기한다. "코스피 5000 시대"라는 말이 흘러나온다. 민중들은 처음에는 반신반의하다가, 지수가 서서히 오르면 믿기 시작한다. 언론은 그 숫자를 더 부채질하고, 업자들과 앞잡이들은 그것을 신호로 읽는다. "판은 깔렸으니 미친 듯이 올려라." 부동산이든, 주식이든 똑같다. 개미들을 흥분시켜라, 뛰어들게 만들어라. 그렇게 주가 5,000 시대를 만든다. 사실상 띄우겠다고 작정한 것이다.

2025년 4월에는 지수가 2,300이 무너졌지만, 6월에는 2,800을 넘어섰다. 2025년 하반기에는 3,000을 가볍게 넘길 것이고, 어쩌면 4,000까지도 갈 수 있다. 실물 경제는 엉망인데, 주가는 계속 오른다. 이렇게 거품을 키우면서 사람들을 부추긴다. 나중에 엄청난 거품이 꺼지면 어찌 될까? 온갖 난리가 날 것이다. 겁나는 현실이다. 그런데도 사람들은 믿는다. "나는 빠져나올 수 있다. 나는 타이밍을 맞출 수 있다." 그러나 그렇게 생각하다가 끝내 발목 잡히는 것이 인간사다.

냉혹한 현실을 직시해야 한다. 도망치기보다는 맞설 궁리를 해야 한다. 건강을 먼저 챙기고, 본업에 더 집중해야 한다. 시간을 투자해 익숙해지고, 마음을 단련해야 한다. 현실이 내 뜻대로 움직이지 않는 건 당연하다. 중요한 건 흥분하지 않는 것이다. 흥분하면 지는 법이다. 차분히 들여다보고, 견디며, 극복해야 살아남는다.

주식 5,000 같은 소리 들으면서 주식으로 돈 번다고 들떠 있다가는 그냥 망할 수 있다. 지금의 정부나 업계가 어떻게 움직이는지를 잘 봐야 한다. 그리고 유혹의 말에 넘어가지 않고 스스로를 챙기기 위해 애써야 한다. 언론이, 유튜브가 많은 사람을 현혹시켜 벼랑 끝으로 떨어트릴 심산일 수도 있다. 주식 폭등이라는 그런 말도 안 되는 뉴스가 나오는 것은 더 위험해질 수 있다는 말로 해석해야 한다. 그저 액면 그대로 믿어서는 곤란하다.

지금 한국의 경제 상황은 점점 나락으로 향하고 있다. 역설적으로 이런 상황에서 주식 시장은 호황이 되고, 많은 이들이 흥분해서 뛰어들 것이다. 그렇기에 두려움을 가져야 한다. 물론, 주가 상승의 시기에 주식 투자를 하지 않기란 쉽지 않을 것이다. 하지만 이럴 때일수록 더욱 신중하게 접근해야 한다. 천천히 자산을 늘려가는 방식을 택하는 것이 자산을 안전하게 증식하는 길이다. 절대로 빚투는 해서는 안 된다. 지금은 오직 생업에 집중하고, 투자는 정말 자기 확신이 있을 때 해야 한다. 그래야 삶을 지킬 수 있다.

앞으로의 주식 시장은
어찌 될 것인가?

앞으로 한국 주식 시장은 상승세를 보일 것이다. 작전 세력들이 몇 년간은 주식 시장을 엄청나게 띄울 것이다. "누구나 다 주식 투자를 해야 한다. 그렇게 현금성 자산을 늘려야 한다. 이제 부동산은 끝이다. 주식이 대세다" 이러면서 한국 증시에 엄청난 거품을 일으킬 것이다. 그렇게 해야, 내수가 살아나기 때문에 지금 정부가 의도적으로 그런 분위기를 만들 것이다. 물론, 계속 승승장구하는 건 없다. 그렇게 몇 년간을 부풀린 다음, 최고점에서 거품을 대폭 꺼트릴 것이다. 그러기 위해서 엄청난 거품을 일으키고, 나라 전체가 엄청난 호황인 것처럼 말할 것이다. 건국 이래 최대의 호황으로 말이다.

몇 년간은 주식 시장에 투자한 사람 대부분이 행복해할 것이다. 그러나 2025년, 2026년, 2027년, 2028년이 지나고, 2028년 말이나, 2029년 초부터는 순차적으로 물량 털어내듯 기관과 외인들이 증시에서 손을 뗄 것이다. 가장 호황이고, 더 오른다고 이야기가 나올 때, 너도나도 흥분하고 행복해할 때, 어느 날 갑자기 터트릴 것이다. 절대로 무너지지 않을 거라고 모두 다 확신할 때까지는 거품을 키울 것이다. 하나도 놀랍지 않다. 지금 주식 시장은 카지노같이 움직이고 있기 때문이다.

실물경제는 2009년 서브프라임 사태 때보다 더 나쁜데, 주식 시장에만 훈풍이 불고 있다.

앞으로 벌어질 일들은 과거와 같다. 역사는 반복된다. 지금은 역사는 반복된다. 이번이라고 다르지 않다. 일본에서 벌어졌던 일들이 한국에서도, 또 베트남 같은 신흥국에서도 시간 차이를 두고 똑같이 벌어졌다. 항상 대몰락이 뒤따랐다. 이번에도 마찬가지다. 어쩌면 이번은 과거보다 더 비극적일 수 있다. 건국 이래 가장 높은 주가지수를 보일 테지만, 그 끝은 언제나 같을 것이다.

기관의 개들이 개미들을 유혹할 것이다. "이번 기회를 놓치면 영영 거지로 산다", "돈 많이 벌게 해주겠다" 이런 말로 겁을 주고 유혹할 것이다. 그렇게 흥분시킨다. 수많은 주식 유튜버들이 물 만난 고기처럼 날뛸 것이다. 이번에는 국장이라면서, 이번에는 다르다면서, 개미들을 불나방처럼 불러 모을 것이다. 그럼 사람들은 당장 몇 배 오른다는 말에 정신을 못 차릴 것이다. 더 부자가 될 수 있다는 환상, 끝없이 오를 것 같다는 착각에 빠져들 것이다. 더 흥분해서 빚내어 시장에 집어넣는다. 주가가 계속 폭등하고, 더더욱 흥분한다.

하지만 그럴수록 안전하게 꾸준히 배당을 주는 주식에 집중해야 한다. 2배, 3배, 5배를 벌겠다는 욕망을 거부할 줄 알아야 한다. 내 분수를 지키고, 내 그릇대로만 해야 한다. 욕심을 누르고, 내가 아는 범위 안에서만 투자해야 한다.

욕망에 가득 찬 젊은 개미들은 험난한 삶을 살게 될 것이다. 빚내서 뛰어들다가는 패가망신할 수 있다. 우리는 일상에서는 목숨 걸고 일해야 겨우 월급을 받으면서, 자산 시장에서는 왜 그토록 무모해지는가? 탐욕이 커지면 결국 화를 부른다.

우리는 호황의 주식 시장에서는 두려움을 가져야 하고, 절망의 국면에서는 담대해야 한다. 앞으로의 주식 상승세 속에서는 반드시 경계심을 가져야 한다. 냉정하게 생각하고, 대비해야 한다. 앞으로 2년, 3년 주식 시장이 폭등하면서 사람들의 욕심은 더욱 커질 것이다. 그러나 명심해야 한다. 흥분하면 진다. 욕심 부리면 패가망신한다.

개미 투자자가 늘어날 것이다

새 정부 출범 이후, 주식 시장이 엄청난 호황을 보인다. 개인 투자자들은 계속 늘어나고 있고, 투자 위험이 큰 주식에도 무리해서 참여한다. 단기간에 돈을 더 벌고 싶어 욕심을 내는 것이다. 경계심이 필요하다고 말하면, 사람들은 안 듣는다. 꼰대 같은 재미없는 이야기라며 귀를 막는다. 그러면서 신용 융자를 받아 주식 사는 이들이 늘어난다. 거품이 꺼질 때 충격을 고스란히 받는 건 결국 개인들이다. 신규 투자자들이 대거 유입되고 있지만, 충분히 공부하고 들어오는 경우는 드물다. 기관과 증권사 앞잡이들이 나서서 투기를 권하는 탓이다.

통상 개인 투자자들은 장기 투자가 아닌 단기 고위험 고수익을 노리기 마련이다. 이들은 대부분 정치, 언택트, 테마 등 급등주에 열광한다. 그들이 노리는 건, 3배, 5배, 10배 수익인데, 그만큼 꺼질 때도 엄청난 속도로 줄어든다. 주가가 하락하면 더 큰 손실을 볼 가능성이 크다. 개인들은 단기 급등했던 주식을 보며 더 많은 레버리지를 활용해 더 큰 수익을 얻고 싶어한다. 그래서 빚을 진다. 오를 때는 빚이 유용하지만, 하락하면 그 빚은 재앙이 된다.

주식도 언제나 거품이 과도하게 끼면 꺼진다. 단기간의 폭등 뒤에는 단기 반전이 따라오기 마련이다. 지금처럼 전 세계가 경제 불황인데, 한국 증시만 홀로 고공행진할 수는 없다. 실적이 뒷받침되지 않은 주가 상승은 언젠가 제자리로 돌아온다. 그때 빚투한 개미들의 말로는 처참할 수밖에 없다. 인위적인 부양이 이어지면 사람들은 점점 더 믿게 된다. 믿음이 굳건해질 때, 와르르 무너지는 것이다.

게다가 미중 무역 분쟁 재점화, 가계 부채, 부동산 시장 침체 등 각종 마이너스 요인이 너무 많다. 그러므로 주식 투자에는 보수적인 접근이 필요하다. 지금 같은 때 빚내어 주식 투자를 하는 것은 자살행위와 같다. 부동산 거품 조성이 약발이 떨어지자, 주식 시장으로 그 불이 붙은 듯하다. 우리 앞에 놓인 현실이 너무 척박하다 보니 대안은 없고, 일상은 답답하다. 그래서 더욱 주식 시장에 빠져드는 것 같다. 그러나 항상 경계해야 한다. 이런 말 아무리 해도 앞으로 2~3년은 개미들의 투자금은 계속 폭증할 것이다.

증권사들은 이 호황 속에서 엄청난 수수료 장사를 할 것이다. 투자자들이 몰리니 매매 수수료가 폭발적으로 늘어난다. 그러나 그들이 돈을 벌 만큼 벌고 나면? 그 거품을 그대로 놔둘 리 없다. 어느 날 수익을 실현하며 거품을 터뜨릴 것이다. 그러면 너도나도 미친 듯이 충격받아 매물을 쏟아내고, 하락은 더 가팔라진다. 그때는 극단적인 선택을 하는 이들도 생길 것이다. 아비규환이 벌어지기 전에 빠져나오거나, 철저히 공부하고 접근해야 한다.

보수적으로 깐깐하게 살아야
기회가 생길 것이다

　큰돈 벌 생각하면 안 된다. 그보다는 안전하게 벌어들일 수 있는 것을 추구하는 게 낫다. 2025년 6월 한 달 동안만 주가가 14% 폭등했다. 단기 과열 종목 경고등이 나올 정도로 많이 올랐다. 그리고 증권가에서는 앞으로 더 오를 거라는 전망도 내놓고 있다. 일정 부분 맞는 이야기다. 그러나 이렇게 과열될 때 좀 더 경계하고 조심하는 게 좋다. 코인, 주식, 부동산으로 단기간에 5배, 10배 수십 배 번다는 말이 믿기기도 하는 시기가 지금이다. 그러나 그런 말에 넘어가면 호구된다. 업계의 관련자들이 떠들어댄다. 쉽게 돈 벌 수 있다고. 그러나 그런 말 믿으면 평생 하층민 노예로 살아야 한다.

　고금리 채권, 고배당 우량주 같은 안정적인 투자에 관심을 가지는 게 맞다. 그래야 오래 간다. 금방 큰돈 번다는 생각은 금방 몰락으로 이어진다. 꾸준히, 오래 가져갈 수 있는 것을 찾아야 한다. 물론, 지금은 매일 주가가 오르고, 자고 일어나면 더 올라 있으니 흥분되기 쉽다. 2025년 6월 주가 상승률은 역대 세 번째로 높았다. 2001년 1월에 22.5%, 2001년 11월에 19.7% 오른 이후 최대치다.

그러니 지금은 너도나도 다 돈 번다. 하루에도 몇십만 원, 몇백만 원씩 벌린다. 그러면 이런 생각이 든다. '회사 안 다녀도 되겠다.' 충분히 그럴 수 있다. 그러나 이럴 때일수록 알짜 기업을 골라 오래 가져가는 게 낫다. 돈은 조용히, 혼자서 벌어야 한다. 떠들썩한 곳에서 돈 벌 수 없다. 지금 개미들을 모으기 위해, 주가를 폭등시키고 거품을 만들고 있을 뿐이다. 2025년 내내, 2026년, 2027년까지도 아마 그럴 것이다.

그러다 보면, 사람들은 한국 주식 시장이 영원히 오를 거처럼 착각할 수 있다. 흥분하게 만들고, 조급하게 부추긴다. 그러나 그런 분위기에 엮이지 마라. 이럴 때일수록 더욱 조용히 지내면서 공부해야 한다. 나의 시간을 투자해야 한다. 쉽게 얻은 것은 쉽게 빠져나간다. 그게 세상 이치다. 돈을 요행으로 벌겠다고 마음먹으면, 그로 인한 대가를 치르게 된다.

지금이야 주가가 오르니, 다들 신난다. 그러나 오르기만 하는 건 없다. 그래서 항상 경계심을 가져야 한다. 오르고 내리는 그 혼동의 시장에서 내가 한결같은 마음이어야 오래오래 머무를 수 있다. 싸게 사서 평생 보유할 생각을 해야 한다. 그게 제일 안전한 길이다. 쉽게 돈 벌면 그것은 내 돈이 아니라고 생각해야 한다. 그러니 지금은 공부하면서 신중함을 추구해야 한다. 그런 각오가 필요하다. 돈 조금 벌었다고 떠벌리고 허세 부리면 안 된다. 그런 태도가 빈털터리로 전락하게 만든다. 그러므로 조금 더 조용히 움직이는 게 좋겠다. 남들에게 굳이 알리지 말고, 스스로 평가하면서 좀 나은 수준이라고 하면 조용히 혼자 미소 지으면 된다. 떠벌리면 내가 얻은 복이 달아날 수도 있다. 내 마음가짐이 정말 중요하다. 그것을 끝까지 지켜야 한다.

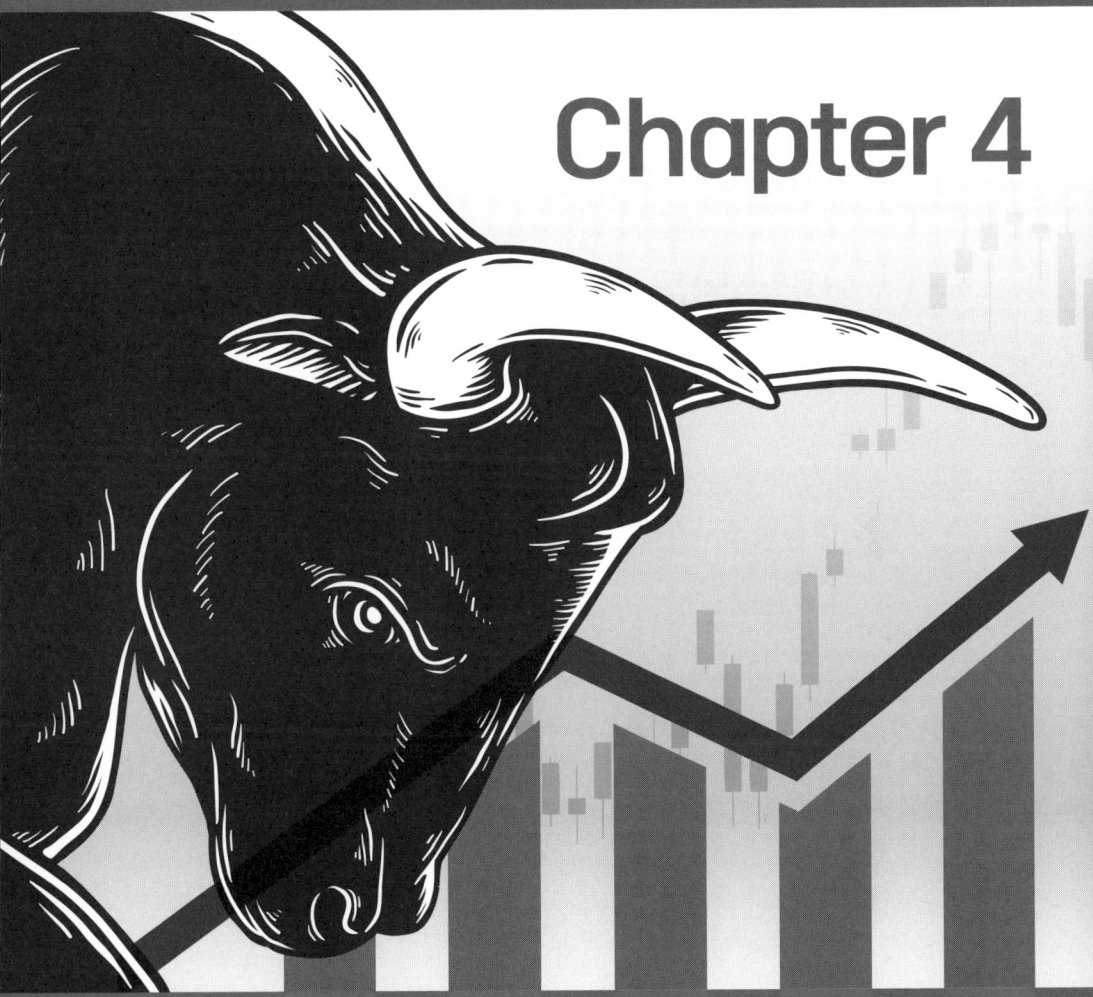

주가가 폭등해도
실제 수익을 얻는 사람은 고작 10%

일본은 1985년 플라자 합의 이후, 주식과 부동산 시장이 폭등했다. 사람들은 주식에 열광했고, 당시 일본 증시의 뜨거운 열기를 보여주는 대표적인 주식이 바로 NTT였다.

1988년, 세계 50대 기업 중 시가총액 1위는 NTT(Nippon Telegraph and Telephone Corp, 일본전신전화공사)였다. 그 시가총액은 무려 2,758억 달러로, 같은 시기 한국의 GDP가 2,023억 달러였으니, 한 기업의 몸값이 한 나라 경제 규모를 뛰어넘었던 것이다.

NTT는 1987년 일본 주식 시장에 상장했다. 이 당시 일본의 버블 경제는 엄청났다. NTT의 1주당 공모가는 120만 엔(약 1,200만 원)이었다. 그리고 2년이 안 되어서 400만 엔(4,000만 원)으로 올랐다. 그러나 1992년 8월에 46만 엔으로 급락했다. 최고가 대비 무려 10분의 1 수준으로 곤두박질친 것이다. 그래서 그 당시에 '서민의 피를 빨아먹는 국민주'라는 소리가 나왔다. 일본 대장성의 주계국이 NTT 주식의 3분의 2를 매수한 뒤, 거품경제로 주식 시장이 과열된 것을 이용해 주가 조작을 했다는 의혹도 있었다. 사실상 일본 정부가 나서서 주가 조작을 한 게 아닌가 하는 의견도 있다.

주식 시장에서 생긴 거품 때문에 사람들이 너도나도 돈을 벌 것이라는 기대감에 다들 뛰어들었다. 그러나 최고가 대비 10분의 1 수준까지 주저앉아 무수히 많은 투자자들이 손실을 봐야 했다. 일본의 대장성이 은근히 주식 거품을 조장했다는 이야기도 나온다. 그런데 그런 일본의 사례가 일본의 일로만 끝날까? 한국은 그런 일이 없다고 말할 수 있을까? 곰곰이 생각해볼 일이다.

이미 지금 한국 경제 상황은 매우 좋지 못하다. 실물 경제는 엉망인데, 사람들의 소비를 진작시키기 위해 안간힘을 쓰고 있다. 앞으로 2025년, 2026년, 2027년, 2028년 동안 한국 주식 시장에도 엄청난 거품이 생길 것 같다. 지금의 정부가 앞장서서 주식 시장 호황을 요구하고 있고, 관련 업계도 화답하는 모양새다. 어쩌면 그 거품 경제를 통해 보통 사람들에게 환상과 기대를 심어주고, 결국 엄청난 손해를 끼칠지도 모른다.

아무리 거품이 끼여도 돈을 버는 사람은 소수다. 대다수는 흥에 취해 '나도 부자가 될 수 있다. 돈을 많이 벌 수 있다'는 기대를 하지만, 내가 돈을 벌 수 있도록 주식 시장은 기다려주지 않는다. 최대한 보수적으로 움직여야 한다. 아무리 주가가 폭등해도 돈 버는 사람은 10%다. 그만큼 돈 벌기가 어렵다는 뜻이다. 거품경제 속에서 많은 일본 서민들이 엄청난 손해를 겪었던 것처럼, 우리는 비슷한 일을 겪을 수 있다. 그래서 우리는 마음가짐과 자세를 잘 정해둬야 한다. 그래야 호황의 시장에서 돈을 벌고 나올 수 있다.

흥분하면 진다.
마음 단단히 먹어야 한다

거대한 게임판에서 내 패를 읽히면 질 수밖에 없다. 내가 어떤 생각을 하는지 상대가 모를 정도로 혼란을 줘야 비로소 이길 수 있다. 속내를 다 드러내면서, 남들을 내가 원하는 대로 끌고 가는 건 불가능하다. 물론 주식 시장은 옆에 앉은 사람과 겨루는 자리가 아니다. 하지만 대중과 다른 모습을 보여야 안전해질 가능성이 커진다. 그러니 대중들이 어떻게 움직이는지를 늘 살펴야 한다.

주식 시장에서 대중들은 쉽게 흥분하고, 과열된 분위기에 금세 젖어 든다. 그럴수록 우리는 더 냉정해야 한다. '돈을 벌기 위해서는 차가운 가슴이 필요하다'는 말이 결코 허언이 아니다. 왜 사람들이 열광하는지, 왜 분노하고 절망하는지를 이해할 줄 알아야 한다. 하지만 이해는 하되, 무조건 쫓아가는 일은 없어야 하겠다.

주식 시장에 들어서면, 나를 빼고 모두가 고수처럼 보인다. 나만 바보 같고, 남들은 다 똑똑하고 여유 있어 보인다. 수익률도 나보다 훨씬 높아 보인다. "100%, 200% 벌었다"라는 이야기를 들으면, 조바심이 난다. 나는 겨우 10%, 20%인데, 옆 사람은 2배를 벌었다는 말에 머리가 복잡해진다. '내가 뭘 놓친 거지? 다음에는 어떻게 해야 하지?' 이런 고민이 계속 이어진다.

주식 시장에는 시시각각 수많은 정보가 넘쳐난다. 진짜 정보도 있고, 말도 안 되는 허위 소식도 있다. 그걸 구별할 줄 알아야 휘둘리지 않는다. 그런데 내가 어떤 정보를 취하고 어느 정보를 무시해야 할지 모르는 경우도 많다. 그럴 때는 어떻게 해야 할까? 혼란스럽고, 부정확한 정보들이 많이 떠도는 지금, 잘 모른다 싶으면 어떤 결정도 하지 말고 조용히 주변을 관찰하면서 남들이 어떻게 움직이는지 볼 줄 알아야 한다. 그래야 실수를 줄일 수 있다.

너무 많은 정보를 다 파악하려고 할 필요는 없다. 지금 당장 몰랐다고 큰일을 겪는 게 아니다. 쓸데없이 대중의 분위기에 휩쓸리지 않도록 내 마음을 잘 관리해야 된다. 가벼운 스트레칭, 산책, 세수하기 등 여러 가지 방식으로 내 마음을 진정시키려고 노력하는 게 좋다. 내가 어떤 때에 마음을 가장 잘 추스르는지를 알아놓고, 그것을 실천하는 게 좋다. 자산 전쟁터에서 마음이 평온해지기란 쉽지 않지만, 스스로 그 길을 찾아야 한다. 그래야 살아남고, 오래오래 자신을 지킬 수 있다.

1997년 IMF 시절을 떠올리며
미래를 생각한다

　1997년 12월 3일, 한국은 IMF 관리 체제로 들어갔다. 그 직전인 1997년 11월 22일, 대출 기준금리는 14.8%, 환율은 1,060원, 코스피는 580이었다. 믿기 어려운 주가였다. 불과 11월 30일에는 금리가 17.5%로 올랐고, 환율은 1,163원, 주가는 407로 주저앉았다. 12월 말이 되자 대출금리는 38.9%, 환율은 1,680원, 코스피는 376까지 내려갔다. 당시 언론에서는 나라가 망한다고 엄청 난리였다.

　IMF 위기 때 수많은 기업과 사람들이 몰락했고, 반대로 극소수는 돈을 벌었다. 큰 기회는 언제나 비정상적인 상황 속에서 생긴다. 1997년 말부터 1999년 6월 사이, 금리 변동 폭은 300%, 환율 변동 폭은 60%였다. 빚을 진 기업과 개인은 초죽음을 겪었지만, 현금을 가진 사람들은 그 돈으로 오히려 더 큰 돈을 벌었다. 1998년 시중 은행의 예금 금리는 연 18%였고, 1999년에는 다시 연 8% 수준으로 내려갔다.

　1996년 삼성전자 주가는 13만 원대였다. 그러나 IMF 위기 속 1997년에는 2.8만 원대까지 추락했다. 지금 생각하면 믿기 어려운 가격이다. 이후 2008년 금융위기 때는 40만 원, 2010년에는 95만 원,

2012년 150만 원, 2017년에는 255만 원까지 치솟았다. 2018년에는 50:1 액면분할로 '황제주'에서 5만 원대로 바뀌기도 했다. 그만큼 삼성전자의 변동성은 극적이었다.

코스피 역시 1998년 6월 말 277까지 떨어졌지만, 불과 6개월 뒤인 12월 말에는 599까지 2배가 되었다. 그리고 1999년 7월 말에는 1,052로 치솟았다. 277과 비교하면 3.8배 오른 셈이다. 다른 경제 지표들이 여전히 흔들릴 때, 주식 시장은 가장 먼저 무너지고 또 가장 먼저 회복했다.

2024년 12월, 한국 정치사에 커다란 사건이 있었다. 계엄령 선포다. 해제되기는 했지만 이후 6개월간 정치 불안 속에 경제가 크게 흔들렸다. 2025년 4월, 코스피는 2,280이었다. 그러나 6월 초에는 2,800을 넘었고, 7~8월에는 3,200을 돌파했다. 새 정부 출범 이후 한국 증시는 고공행진을 이어가고 있다. 새 정부는 '주가 5,000 시대'를 공언하고 있다. 사실상 코스피 지수를 2배로 올리겠다는 포부다.

코스피 주가가 2배가 된다는 것은, 개별 종목 중에서는 3배, 5배, 10배가 되는 종목들도 분명히 나올 것이라는 이야기다. 앞으로는 약달러, 저유가 시대가 온다는 전망도 있다. 약달러라는 것은 원화 강세가 될 수 있다는 말이다. 지금은 한국 경제가 매우 안 좋다. 그래서 더욱 주식 시장에 관심이 집중될 것이다. 기업들은 주식 시장을 통해 자금을 마련하고, 정부는 정부대로 개인들의 소비를 진작시키기 위해 더욱 주식 시장을 이용할 것 같다. 앞으로 주가가 2,000 밑으로 내려갈 가능성보다는 3,000, 4,000, 5,000이 될 가능성이 더 크다. 앞으로 어떤 상황이 펼쳐질지 조용히 지켜보는 게 좋을 것 같다.

추천 주식과
투자 방식에 대한 조언

 오래 갖고 갈 주식만 보는 게 좋다. 그리고 빚내서 주식할 생각도 하지 않아야 한다. 주주가 될 생각, 즉 배당금을 받는 것을 목적으로 삼는 게 맞다. 지극히 상식적이고 남들이 다 아는 기업의 주식만 사야 한다. 그래야 안전하게 투자를 할 수 있다.

 나는 중독주, 배당주가 좋다고 본다. 커피믹스, 소주, 원당, 도박, 술, 담배 같은 건 사람들이 살아 있는 한 평생 소비한다. 그래서 동서, KT&G, 강원랜드 같은 기업의 주주가 되는 게 낫다. 커피믹스는 담배와 동급이다. 한번 맛 들이면, 중독된다. 밀가루, 사발면도 마찬가지다. 사람들 취향은 쉽게 안 바뀐다. 한번 빠지면 큰 이변이 없는 한 계속 소비한다. 그래서 평소에 너무 당연해서 의식조차 못 하고 있지만, 늘 곁에 있는 제품을 가진 기업의 주식이 사실 최고의 주식이다.

 이런 기업들의 주식이야말로 우리를 평생 먹여 살려줄 수 있다. 반대로 게임주는 별로다. 언제든 뒤집힐 수 있다. 새로운 게임이 나오면 순식간에 갈아타니 손바뀜이 너무 쉽다. 차라리 술, 담배, 도박 같은 주식이 훨씬 낫다. 경마, 경륜 같은 것도 마찬가지다. 스타벅스 역시 커피라는 중독에 공간과 문화를 얹어 팔고 있다. 공부도 하고, 쉬기도 하고, 자기 시간을 보내는 장소로 사랑받는다. 스타벅스를 쥐고 있는 이마트 역시 장기적으로 괜찮다고 본다.

장기 투자 주식으로는 여성 생리대 주식도 좋다. 생리는 매달 하니까 계속 사야 한다. 휴지, 화장지도 마찬가지다. 유한킴벌리 같은 기업은 평소에 반드시 사야 하는 생필품을 취급한다. 우리 일상에 없어서는 안 될 것들이다. 이런 주식을 오래 들고 가며 저축처럼 생각하는 게 낫다. 매년 배당을 받으며 배당금 자체를 투자 묘미로 여기면 훨씬 더 오래 보유할 수 있다.

최근에는 주식을 사고파는 손바뀜이 유난히 심한 분위기다. 적당한 시기에 사서 또, 시세 차익을 많이 보고 판다면 정말 좋을 것이다. 그런데 매번 그런 투자 결정을 하기란 쉽지 않다. 그리고 그 투자에 시간을 할애하기에는 우리의 생업이 만만치 않다. 우리 일상, 우리 할 일에 집중하기에도 시간이 부족한데, 주식 창 들여다보면서 시간 허비하다 보면, 인생이 낭비될 수 있다. 마땅한 투자처가 없다고, 최근 주식 시장이 좀 오르는 것 같아 보이니, 국장 주식에 투자해서 돈을 벌겠다는 생각을 가진 이들이 늘어나고 있다. 그런데 투자 세계에서는 돈을 버는 것도 중요하지만, 그보다 더 중요한 것은 돈을 잃지 않는 것이다. 잃지 않고 투자하기는 절대 쉽지 않다. 그래서 최대한 잃지 않는 방법을 모색해야 한다. 그게 장기 투자라고 생각한다.

그리고 절대로 빚내서 투자하는 건 금물이다. 빚을 내면 조급해진다. 매달 이자와 원금 상환 압박 때문에 이성적인 결정을 하지 못한다. 주가가 조금이라도 내려가면 반대매매 위험에 처하게 된다. 결국 원하지 않는 시기에 손해 보고 팔아야 할 수도 있다. 빚으로 한 투자가 잘될 가능성은 거의 없다. 내가 산 주식의 매수가 틀릴 수도 있고, 호재가 늦게 반영되어 오르는 게 늦을 수도 있다. 그럴 때는 기다릴 수 있어야 한다. 그런데 빚으로 들어가면 기다림 자체가 불가능하다. 그래서 쫓기게 된다. 그러니 내 돈으로만 하는 게 제일 낫다.

주식 투자,
지금은 다르다고?

　과거와 달리 개미들이 승전하고 있고, 개미들이 주도하고 있다고 말하는 이들이 있다. 그렇게 말하는 기관의 개들이 한둘이 아니다. 언론은 이미 언론의 역할을 포기한 지 오래다. 뉴스를 틀면, 과거 버블 때와 지금은 다르다며 모 증권사 부문장의 인터뷰가 나온다. 월급만 모아서는 집 사기 어려우니, 생존을 위해 주식 투자를 한다고 말한다. 주식만이 남은 방법이라고, 절박하다고 포장하며 대놓고 개미들을 꼬신다. 그러나 우리는 냉정히 현실을 봐야 한다.

　지금은 주가가 올라서 돈을 벌 것이다. 몇 년간은 분위기가 좋을 것이다. 그러나 상승세가 계속되는 것은 아니다. 그러므로 적절한 퇴장 시점을 정해야 한다. 언제든 주식은 폭락하고 깡통 주식, 빚투로 몰락하는 대다수 개미들을 목격할 수 있다. 앞으로 주가가 몇 년간 오른다는데, 왜 이렇게 초 치는 이야기를 하느냐고 말하는 사람도 있다. 그러나 오르면 오를수록, 더욱 흥분하는 분위기가 될수록 경계해야 한다. 지금은 다들 기뻐하고 즐거워하지만, 파티가 끝나는 날은 온다. 그때가 되면, 주식 투기는 사회 문제로 비화되고, 사람들이 빚 때문에 괴로워하게 될 것이다. 물론, 당장은 아니다. 몇 년간은 다들 복에 겨워서 행복해할 것이다.

　동학개미, 서학개미라고 이름 붙인 것 자체가 이용하겠다는 의도다. 대놓고 그리 말해도 개미들은 모른다. 아니 그렇게 모른다고 생각하고 비아냥거리는 것이다. 개미들의 의지, 마음은 충분히 이해하지만, 상당수 개미들은 몰살당할 운명이다. 그것을 알고 기관이나 외인들이 개미들을 이용한다. 개미들이 대거 뛰어들면, 그들은 이제 개미들에게 떠넘기고 나와야 하는 시기라고 말한다. 개미가 마지막에 다 받아주는 호구들이다.

　개미가 몰려들면, 어느 시점이 되면 '개미핥기' 할 때가 온다. 당연한 일이다. 2000년 초반에도 그랬고, 2012년에도 그랬다. 일본 역시 마찬가지였다. 한때는 엄청난 주식 시장 호황으로 '주식 안 하면 바보'라는 말까지 나왔다. 돈 벌 기회가 도처에 널려 있는데, 왜 안 하느냐며 핀잔까지 줬다. 그러나 그때 욕심부리고 뛰어들었던 대다수는 결국 빚쟁이가 되고, 거지가 되어 야반도주하거나 건물 위에서 투신하는 참극을 겪었다. 지금도 마찬가지다. 언제부터 언론에 주식 이야기가 이렇게 많았던가? 개미들을 꼬드겨 전부 몰살시키겠다는 듯, 증권사와 정부, 기관들이 한통속으로 움직이는 것처럼 보인다. 이게 나라인가 싶을 정도다.

　슬픈 이야기지만, 개미는 결코 주식 시장의 주도 세력이 될 수 없다. 그들은 시장에서 호구이고, 이용당하는 존재다. 비하가 아니다. 냉혹한 현실이다. 개미들은 감정적으로 휩쓸리면서 세력이 원하는 대로 끌려가기 쉽다. 그러므로 오래 주식 시장을 내다보고, 조심히 움직여야 한다. 빚내지 말고, 오직 자기 돈으로 투자해야 한다. 오래오래 보유하면 괜찮을 수 있다. 그러나 그렇게 할 수 있는 개미들이 얼마나 될까? 정말로 현명한 개미가 되어야, 돈을 버는 극소수가 될 수 있다. 주가가 폭등하면, 그 이면에는 언제나 위험이 도사리고 있다는 것을 반드시 잊지 말아야 한다.

주식, 반대매매 '대학살'이
나중에 분명히 온다

지금 영끌한 3040의 고통은 앞으로 엄청나게 심해질 것이다. 최소 몇 년간은 부동산 시장에 대한 관심은 사라지고, 주식 시장으로 사람들이 몰려들 것이다. 그만큼 주식 시장의 거품은 크게 불어날 것이고, 동시에 경제 재앙도 그만큼 더 가까이 다가온다. 주식 시장은 몇 년간 상승세를 이어갈 것이다. 역대 최고치 주가를 기록할 것이고, 고공행진을 예상하는 이들이 많다. 어떤 이들은 2025년 연말에 코스피 4,000을 넘을 수 있다고까지 말한다.

제정신이 아닌 것 같다. 그런데 그게 끝이 아닐 듯하다. 2026년, 2027년, 2028년까지는 거품을 더 키울 것이다. 지금 당장은 아니더라도, 결국 증권사들이 '반대매매'를 준비하는 날이 올 것이다. 개미들에게 빚투를 부추겨서 주머니를 탈탈 털고, 더 이상 돈 나올 구멍이 없다고 판단되면, 그때 개미들을 본격적으로 털어버릴 것이다. 물론, 그 시기는 지금이 아니다. 지금은 아직 거품을 만들고 있는 단계다.

그러나 반대매매 디데이를 정하는 날은 반드시 온다. 거대한 거품의 다음 단계는 피할 수 없다. 그때가 바로 개미 대학살의 시기다. 과거에도 비슷한 일이 있었다. 반대매매로 개미들이 가진 주식이 강제로 매물로 쏟아져 나오고, 순식간에 깡통이 되었다. 그때 개미들은 자살 말고는 대안이 없었다. 반대매매가 시작되면 60~70% 폭락은 순식간이고, 반토막은 기본이라고 한다. 기관은 자전거래로 작정하고 주가를 떨어뜨린다. 말 그대로 '대몰살'이다.

물론, 그건 지금이 아니라 몇 년 뒤의 일이다. 그 전에는 사상 최대의 호황이 찾아온다. 매일 눈 뜨고 보면 주가가 올라 있고, 다음 날도 또 올라 있어서, '이대로라면 순식간에 몇 배 수익 나겠다'라는 착각에 빠지게 된다. 증권사들이 자전거래로 주가를 왕창 끌어올릴지도 모른다. 재벌 대주주와 증권사들이 어떤 판을 짤지 알 수 없다. 다만 분명한 건, 몇 년 동안은 수단과 방법을 가리지 않고 주가를 띄울 거라는 사실이다.

자기 돈으로 투자하다가 다 날려 먹으면 0에서 새로 시작하면 되지만, 빚내서 투기한 것이면 사정이 다르다. 그냥 반대매매 대상이 된다. 주가가 얼마 이하로 내려가면 프로그램이 그냥 팔아버린다. 한순간에 빚쟁이 된다. 주식 시장에서 내가 빠져나오고 싶어도 마음대로 할 수 없다. 그래서 함부로 빚지면 안 된다는 것이다. 정말 무서운 일이라고 생각하고 무조건 투자는 내 돈으로만 해야 한다. 그래야 순식간에 바보 되는 일을 막을 수 있다.

몇 명 죽였다는 것을 훈장처럼 말하는 증권사의 개들도 있다고 한다. 그들은 강도보다 더 무서운 존재다. 개미핥기, 개미 몰살, 개미만 빨아 먹는다고 말한다. 충격적이지만 사실인 거 같다. 몇 년간 엄청난 주식 시장 호황 다음에 벌어지는 일이라고 생각해야 한다. 그때는 반드시 온다. 그러니 겁내야 한다. 무리하게 투기하는 개미들은 지금이라도 정신 차리고, 오직 자기 돈으로만 투자해야 한다. 그래야 최악의 경우에도 죽지 않고 살아남을 수 있다. 주식 시장에서 돈 번다는 것은 목숨 걸고 하는 엄청난 싸움이라는 것을 잊어서는 안 된다. 앞으로 몇 년간은 돈을 벌 수 있어도, 그 다음은 아닐 수 있음을 알고 있어야 한다.

아수라장, 반대매매, 주식 대폭락은 언제일까?

디데이는 반드시 온다. 지금은 철저히 주식을 떠받들고, 미친 듯이 올린다. 2025년 하반기부터 대략 2027년까지 끌어올린 뒤, 그 이후에는 거품을 몽땅 빼버릴 것이다. 2028~2029년에는 주식 대폭락이 올 거라고 조심스레 짐작한다. 그러므로 항상 빠져나올 준비를 해야 한다. 그러지 못하고 더 빚내서 들어가면, 그때 개미들은 다 죽을 것이다. 대학살이 있을 것이다.

지금은 증시를 떠받치고 있다. 개미들에게서 아직 받아낼 돈이 많다고 생각하기 때문이다. 그래서 계속 부추기고, 최소 몇 년간은 개미들 뜯어 먹으려 개미들을 안심시키고, 더 들어오라고 유혹한다. 아직 2030 개미들에게 빚을 낼 여력이 충분하다. 그들을 향해 꿈을 심어주고, 희망을 불어넣는다. 그러나 몇 년 뒤면, 거짓말처럼 거품이 꺼질 것이다. 그들은 자기들 나름의 디데이를 이미 정해놓았다. 그때가 오면, 무서울 정도로 떨어지고 개미들은 자살 행렬에 끼게 될 것이다. 그 무서운 일을 다 잊게 만들려고, 그전까지는 미친 듯이 주가를 끌어올릴 것이다. 눈앞에 아무것도 보이지 않을 만큼 흥분시켜, 주가가 10배, 20배 오르고 부자 되었다, 경제적 자유를 얻었다는 사람들이 쏟아져 나오게 할 것이다. 그것을 아는 정부, 증권사, 기관, 앞잡이들 모두 뻔뻔하게 "원래 그런 거다"라며 지켜볼 뿐이다.

현실 세계에서는 겨우 월급 200만 원 받아서 언제 집 사고, 언제 차 사고, 언제 결혼하냐는 말을 한다. 빠른 길이 있는데, 왜 느릿느릿 멍청하게 사냐며 유혹한다. 금방 수억, 수십억 벌어서 여유롭게 살 수 있다며 달콤하게 말한다. 그렇게 현혹시켜서 있는 거, 없는 거 다 뜯어먹는다. 옆에서 그렇게 부추기는 자들은 모두 악귀이고 악마다. 그러나 순진한 2030 개미들은 속는다. 세상을 잘 모르니 천진난만하게 속아서, 기관의 개들 호주머니만 채워준다.

매일 하는 짓이다. 가격 올리고 내리고 다 자기들 마음대로다. 어처구니없다. 자전거래 안 하는 곳이 없다. 수십 조 원씩 자전거래를 해도 벌금은 고작 몇 천만 원이다. 그러니, 다 그런 사기 짓을 한다. 모르면 그냥 당한다. 정부도, 기관도 다 짜고 치는 고스톱이다. 그들이 이 사실을 모른다고 생각하는가? 천만에. 다 상납받고, 다 연결되어 있고, 결탁되어서 모른 척할 뿐이다. 여기에 당하는 개미들만 억울하고 죄인인 셈이다. 10년 전에도, 20년 전에도 똑같았다. 일본에서도 똑같았다.

그렇게 학살당하고 나면, 언제 그랬냐는 듯이 기관은 다시 사들인다. 그렇게 그들의 수익을 올린다. 신용 빚이 수십 조라는 말이 있다. 정확히 얼마나 되는지는 모르지만, 앞으로는 더 늘어날 것이다. 신용이 증가하면 반대매매 우려는 커진다. 주식을 담보로 대출을 받았기 때문에, 조금만 떨어져도 프로그램이 자동으로 반대매매를 실행해 주가를 더 끌어내린다. 구조 자체가 그렇게 되어 있다. 그들은 계속 판돈을 키운다.

"돈 더 벌게 해주겠다"며 구경꾼까지 모으고, 점점 열기를 불어넣는다. 더 달아오르게 만든 다음, 최절정의 시기에 놔버린다. 모든 게 무너진다. 그것을 모르는 개미들만 진짜 죽어나가는 것이다. 정말 무서운 세상이다. 함부로 돈 벌 생각 마라.

2030들이 빚내어 계속 주식 시장에 뛰어들면, 아직은 상승 중이다

언론에서는 2030세대가 빚을 내서 주식 시장에 들어오고 있다고 전한다. 만약 그들이 자기 돈으로 주식 투자를 한다면 나쁜 모습은 아니다. 나름의 목적을 가지고 인내하며 견딘다면 분명 바라는 수익을 볼 수 있을 것이다. 그러나 빚을 내어 투자한다면 이야기가 달라진다. 빚투는 기대하는 기간 안에 수익이 나지 않고 오히려 마이너스가 된다면 곤경에 처할 수밖에 없다. 지금 주식 시장이 상승세를 보일 거라는 장밋빛 전망이 계속 나오고 있는 건 사실이다. 하지만 동시에 미국발 관세 협상으로 전 세계 경기가 침체될 수 있다는 불안한 전망도 함께 나온다. 그래서 더 고민스러울 수 있다. 다만, 한국 주식 시장을 활성화시키려는 정부의 의지가 강한 만큼 조심스러운 기대감을 갖게 된다.

비트코인 투자로 돈을 벌었다는 뉴스가 나올 때마다 2030세대가 열광하며 뛰어들었던 일이 있었다. 그때마다 바람잡이 뉴스가 나오고, 불나방처럼 몰려드는 모습을 홍보하는 이들이 적지 않았다. 지금 상황이 그때와 비슷한 느낌도 든다. 물론 무리한 대출이 아니라면, 언제든 자기 판단대로 움직이는 투자는 괜찮다. 항상 유의할 필요는 있지만, 지금은 주식 투자하기에 나쁘지 않은 시기다. 다만 항상 빠져나올 시기는 생각해두어야 한다.

주식 시장이 진짜 바닥일 때는, 주식 때문에 사람들이 한강으로 뛰어든다. 죽겠다는 소리가 들리고, 주식 시장 근처에 얼씬도 하지 않는다. 누구도 주식을 산다는 사람이 없다. 영원히 망했고 더 이상 희망은 없다고 다들 말할 때, 그때가 바닥이다. 두렵고 겁나는 순간이지만, 오히려 그 시기가 바닥일 가능성이 크다. 반대로, "대출을 내서 주식을 해야 되나?"라고 말하는 사람이 주변에 있다면, 아직은 상승세가 이어지고 있다는 신호다. 지금은 사람들이 하나둘 "나도 주식을 해볼까?"라고 말하는 단계다. 이는 아직 초입이라는 의미일 수 있다.

저금리 시대에 주도적으로 주식을 공부하고 투자하는 요령을 습득하는 게 좋다. 기성세대들은 부동산으로 돈을 많이 벌었는데, 2030들에게는 그와 같은 기회가 없었다. 억울하다는 마음에 미국장을 하거나 코인에 뛰어든 이들이 많았다. 그러나 잘 생각해볼 필요가 있다. 너도나도 뛰어드는 때는 돈 벌 가능성이 작을 수 있다는 것을. 물론, 지금은 주식 시장이 대세다. 최소 몇 년간은 엄청난 호황이 불어닥칠 것이다. 그러니 주식 시장에 신경 써야 한다.

주식 투자로 돈을 벌기 위해서는 자기만의 확신과 신념이 필요하다. 그것이 있어야 기다릴 수 있고, 견딜 수 있다. 언제 빛을 보게 될지는 알 수 없다. 그러나 그 신념이 결국 기다림을 가능하게 만든다. 주식 시장은 내 예측과 다르게 움직인다. 그것을 인정해야 한다. 언젠가는 감당 못할 정도로 주가가 미친 듯이 오르는 날이 올 것이다. 생각보다 더 빨리, 더 높게 치솟을 수 있다. 그때 2030세대는 단기간에 승부를 보려는 마음을 강하게 품게 될 것이다. 그러나 그때가 가장 조심해야 할 순간이다.

한국 주식 시장은 몇 년간 괜찮을 것이다. 하지만 계속 좋아질 거라고 착각해서는 안 된다. 최소 2~3년간은 호황이 이어지겠지만, 그 이후에는 엄청난 하락이 찾아올 수도 있다. 그러니 언제나 잘 살피고, 빠져나올 시기도 반드시 염두에 두어야 한다.

유명한 사람이 나와서
주식 이야기하면 믿지 마라

자신의 유명세를 이용해서 사람들 앞에 선다. 그리고 아주 거창하게 입을 연다. 마치 엄청난 비밀을 폭로하는 것처럼 떠든다. 그런데 잘 들어보면 알맹이가 없다. 그저 욕망을 부추기고, 더 빚내라고 말한다. 전부 서민들 등쳐 먹으려는 업자들이다. 그들은 괴물이다. 사람들을 현혹시켜 몰락으로 몰아넣는다. 묻지도 않았는데, 자꾸 자신이 대단하고 부자라고 세뇌한다. 결국 자기 머슴으로 삼으려는 수작이다. 별것 아닌 걸 던져주고, 그것을 빌미 삼아 평생 부려 먹으려 한다.

남의 말에 현혹되지 않도록 조심해야 한다. 외롭더라도 내 삶을 살아야 한다. 내 판단을 믿어야 한다. 그러려면 더 공부하고, 더 관찰해야 한다. 남의 말 몇 마디에 덜컥 피 같은 돈을 내주면 안 된다. 자기가 믿고 싶은 것만 믿다 보면 현실을 보지 못한다. 그러지 않으려면 수십 번, 수백 번 고민하고 또 생각해야 한다. 그래야 사기당하지 않는다. 오직 나의 선택에 대한 책임은 나 자신이 져야 한다. 내 책임이라고 생각해야 한다.

내 생각이 엉터리일 수도 있다. 세뇌된 가짜일 수도 있다. 나도 착각하고 오판하고 잘못된 결정을 내릴 수 있다. 내 마음도 어제와 오늘이 다르다. 그런데 남의 말을 철썩같이 믿는다고? 미친 짓이다. 절대로 확신하지 마라. 세상은 수많은 변수가 있고, 사람들의 생각도 언제든 바뀐다. 전문가라고 말하는 자들의 말도 전부 믿으면 안 된다. 대부분은 진실일 수 있지만, 극히 일부는 가짜일 수 있다. 그러나 그것을 구분하는 건 어렵다. 쉽지 않다. 잘 모르겠으면 상식선에서 생각해라. 상식적이지 않으면 진짜가 아니다. 그게 지극히 현명한 길이다.

갑질하고 가스라이팅하려는 사악한 이들이 많다. 거절하고 거리를 두는 게 낫다. 내가 잘 모르는 것을 윽박지르고 강압적으로 말한다면, 곧바로 손절해야 한다. "내 탓이다, 내 잘못이다"라는 말은 함부로 하면 안 된다. 악마들은 남의 마음을 훔치고, 쥐었다 놨다 하면서 자유자재로 컨트롤한다. 남을 길들이고, 세뇌시켜 원하는 대로 끌고 가려 한다. 그런 자들과는 최대한 말을 섞지 않는 게 최선이다. 그런 말에 놀아나서는 안 된다. 당신의 탓 아니다. 착하고 말없이 지내면 호구 삼아 나쁜 짓 하는 놈들이 넘친다. 그들은 우리를 강요하고, 세뇌한다.

"괜찮다"고 말하면 안 괜찮을 거라고 여겨라. 비판의식 없이 믿기만 하는 사고만큼 위험한 게 없다. 언론사 기사도, 주변에서 하는 말도 전부 다 의심하고 확인해라. 그리고 그 이면에 숨어 있을 진짜 의도를 파헤치기 위해 노력해야 한다. 그런 자세로 살아야 나아질 수 있다.

지금 경제 상황은 매우 안 좋다. 그런데도 한국 주식 시장은 상승세를 보인다. 혼돈과 혼란이 뒤섞여 있다. 이런 때일수록 나만의 판단력, 확신으로 투자 대상을 골라야 한다. 모르겠다 싶으면? 결정하지 말고 지켜보는 게 낫다. 그럴 때는 아무것도 안 하는 게 오히려 더 좋은 선택일 수 있다. 그것을 알면서도 굳이 주식 투자를 한다면, 더 냉정해야 한다. 그래야 수익을 가져갈 수 있다.

고난과 역경을 겪고,
이겨내야 겨우 돈을 번다

　주식 그래프가 오르는 것을 보면 마치 기어 바퀴가 돌아가는 듯하다. 그 선이 미친 듯이 위로 뻗어가면, 나도 모르게 주문 버튼을 누르게 된다. 속도감과 스릴이 넘친다. 더 넣어야겠다는 유혹에 사로잡힌다. 반대로 내려가는 주식을 보다 보면, 어느 순간 '아, 이제 바닥인가 보다' 하고 들어가지만, 덜컥 물려버린다. 기업의 가치를 보고 확신을 갖고 주주가 되어야 하는데, 그보다 "오늘 하루에 5%, 10% 먹었다. 수십만 원, 수백만 원 벌었다!" 하며 흥분하고 우쭐한다. 그렇게 주식에 중독되면 일상은 무너진다. 계좌가 다 털릴 때까지 못 일어난다.

　우리가 사는 일상이 매우 단조롭고 지루하다. 그래서 뭔가 희열을 느끼고 싶다. 그래서 주식 투자를 하면서 재미를 알아버리면, 난리가 나는 것이다. 주식 시장에서 제대로 투자하기 위해서는 잘 판단해야 한다. 역동적이게 주가가 오르는 종목보다 지루하고 재미없는 주식이 낫다. 대한항공, 하나투어, 강원랜드 같은 주식에 장기로 보고 묻어두는 게 좋다. 언젠가 한 번은 뜬다. 외국인 카지노, 도박, 술, 커피 같은 중독성 산업은 특히 그렇다. 영종도에 내국인 카지노 승인이라도 나면 뒤집어질 정도로 주가가 오를 것이다. 경기 불황 때에 카지노를 열어야 한다고 말하면 그때 카지노와 같은 주식은 뜬다. 인간들의 본성, 부조리, 욕망 등을 잘 따져보면 투자 기회가 보인다.

내가 이 글을 쓰기 시작한 때가 2025년 4월이었다. 그때 롯데관광 주가는 8,000원 초반이었다. 그리고 2025년 6월 말에 1만 7,000원을 넘어섰다. 그리고 증권사들의 목표 주가는 2만 3,000원, 2만 5,000원이다. 더 오른다고 보는 것이다. 롯데관광뿐만 아니라, 카지노 종목들인 파라다이스, GKL 등이 큰 폭으로 올랐다. 관광 관련한 종목도 앞으로 제법 오를 것이다. 하나투어 같은 종목도 괜찮다. 2025년 11월 중국 무비자 입국 등 이슈가 기다리고 있기 때문이다

또한 LG생활건강, CJ제일제당 같은 종목도 좋다. 화장품, 칫솔, 치약, 생필품 대부분이 LG생활건강 제품이다. 우리가 무심코 쓰는 많은 생필품이 그들의 브랜드다. 그리고 만두는 비비고다. CJ제일제당은 CJ그룹 계열사 중에서도 가장 큰 매출을 올린다. 꾸준히 보유하고 늘려가야 할 종목이다.

최첨단 어쩌고 하는 기업은 멀리하는 게 좋다. 영어 들어가고 화려하게 이야기하는 것은 다 별로라고 보는 것이 좋다. 진짜 제대로 된 주식, 우량 주식은 우리 곁에 이미 있다. 우리는 너무 익숙해서 그 주식의 가치를 잊어버릴 때가 많다. 이마트는 지금 주가가 8~9만 원대를 보이고 있는데, 어느 날 보면 2배, 3배 이상으로 올라 있을 것이다. 그러므로, 우량 주식이 바닥일 때, 없는 셈 치고 묻어두면 된다. 그러면 기회가 열릴 것이다. 보수적으로 살면 된다. 싸게 사서 배당받으며 묻으면 된다. 그러면 돈 번다. 그런데 재미는 없을 수 있다.

우리네 인생은 고난과 역경을 견디고 지나며 성숙해지는 법이다. 흥미진진한 스토리를 기대해서는 안 된다. 다이나믹한 전개는 스포츠 경기나 영화, 드라마에서 즐기면 족하다. 만약 우리 삶이 그렇게 되기를 바란다면, 결국 큰 실패를 맞게 될 것이다. 절대로 그런 기대를 해서는 안 된다. 돈을 버는 일은 원래 재미없고 지루한 일이라는 것을 잊지 말아야 한다.

물가는 좀처럼 내려가지 않는다. 먹고사는 일상은 지루하고 고단하다. 보통 사람들의 민생 경제는 점점 더 팍팍해지고, 여기저기서 망했다는 이야기만 들려온다. 대출 금리가 8%, 10%에 이르렀다는 소식도 들린다. 그만큼 모두가 어렵다는 뜻이다. 그런데 이런 와중에 주식 시장만 호황을 보이고 있다. 어딘가 모순된 이 상황 속에서 주식 투자를 한다는 것은, 그 어느 때보다 신중해야 할 일이다.

Chapter 5

김 부장 추천 주식, 중국인들이 몰려온다

관광, 여행 관련
주식이 뜬다

2025년 하반기부터 관광, 여행 분야의 상승세가 기대된다. 2025년 6월 말에 발표한 2025년 1~5월 누계 관광객은 721만 명으로, 작년 동일 기간보다 14.7% 늘었다. 2019년과 비교해도 3.5% 증가했다고 한다. 나라별로는 중국이 205만 명, 일본이 133만 명, 대만이 70만 명이다. 중국이 압도적으로 많다. 2025년 연간 전체 외국인 관광객 수는 1,873만 명에 이를 것이라고 한다.

코로나19 이전인 2019년 수치를 넘어설 것이라고 한다. 한번 늘어나기 시작하면, 관광, 여행 관련 특수는 계속될 것이다. 그래서 항공사도 면세점도, 여행사도 기대하고 있다. 당연히 관련 주식이 주가 상승 효과를 볼 게 뻔하다. 또한 해외 수출이 갈수록 어려워지는 상황에서 관광, K-POP 공연, 문화 콘텐츠 수출을 통해 매출을 늘리려는 정부의 의지도 엿보인다.

여행 관련 주는 항공사 주식, 여행사, 호텔·면세점·카지노로 나뉜다. 항공주로는 대한항공, 진에어를, 여행사 주식은 하나투어, 모두투어 정도를 보는 게 좋겠다. 호텔·면세점·카지노로는 호텔신라, 강원랜드, 파라다이스, GKL, 롯데관광개발이 있다. 이 주식 중에서 최근에 가장 가파르게 오른 주식은 롯데관광개발이다. 그리고 나머지 종목들도 롯데관광 못지않은 상승률을 보일 가능성이 크다. 아직은 저점이라고 본다.

2025년 하반기부터 2028년까지 억눌렸던 여행 수요가 풀리면서 항공사와 여행사의 실적은 꾸준히 개선될 것으로 예상된다. 항공사 국제선도 팬데믹 이전 수준을 회복하거나 초과하고 있다. 항공 운임도 어느 정도 안정성을 보인다. 대한항공의 경우, 2025년 실적으로 매출액 25.9조 원, 영업이익 2.2조 원을 예상한다. 그래서 현재 2만 3,000만 원에서 2만 5,000원대 주가의 목표 주가가 3만 3,000만 원에서 4만 원이 제시될 정도다. 개인적으로는 4만 원, 5만 원 이상으로 훌쩍 뛸 수도 있다고 본다. 저유가와 저달러로 인한 특수도 주가 상승에 더해질 것이다.

하나투어는 현재 5만 원 초중반대에서 거래되고 있으며, 목표가는 7만 원으로 제시되고 있다. 롯데관광개발 역시 2025년 초반 8,000원대에서 7월에는 1만 8,000원대까지 상승했다. 2025년 11월 중국 관광객 무비자 정책이 시행되면 주가는 더욱 오를 가능성이 크다. 중국 관광객뿐만 아니라 해외 관광객 유입도 늘어나면서 관광·여행 업종 전반에 상승세가 예상된다. 2025년 9월 말부터 2026년, 2027년까지 이러한 흐름은 이어질 것으로 보인다. 특히 9월 말부터 시행되는 중국 단체 관광객 무비자 한시적 허용 조치는 관광객 수 폭발로 연결될 것이고, 한류 열풍과 K-드라마, K-POP 공연까지 더해져 외국인 수요는 크게 늘어날 것이다. 그러므로 지금은 관련 주식들을 분산 투자하며 조용히 기다리는 전략이 유효하다.

관광·여행
하나투어

(출처 : 네이버 증권, 이하 동일)

하나투어는 여행 관련 주식 중 대표적인 종목이다. 1993년 11월에 설립된 회사로, 현재 국내 여행업계 1위다. 면세점, 호텔 등 여러 사업 영역으로 확대해나가고 있으며, 2025년 중국 무비자 정책의 직접적인 수혜를 받을 것으로 기대된다. 2025년 4분기부터 실적 개선이 본격화될 것이라는 전망도 나오고 있다. 아마도 2025년 말부터 2026년, 2027년, 그리고 그 이후에도 꾸준한 주가 상승을 기대할 수 있는 기업이다. 2027년에는 영업이익률을 15% 이상으로 목표하고 있으며, 국민연금이 하나투어 지분을 10.89%까지 늘린 점도 긍정적인 요인으로 작용할 것이다.

2025년 8월 기준 하나투어 주가는 5만 원 중후반대다. 2024년 10월에는 4만 6,000원 수준이었고, 2025년 1월에는 5만 4,000원까지 올랐었다. 한때 2020년 7월에는 주가가 20만 원에 달하기도 했다. 그 시절에는 여행업계가 한창 주목받던 때였다. 그러나 같은 해 2020년 3월에는 코로나19로 인해 주가가 2만 6,000원대까지 추락했다. 지인들 중 여행사에 근무하던 사람들이 일을 하지 못해 많이 어려워했고, 온라인 이커머스에서 여행 쪽 MD들이 다른 부서로 배치되어 전혀 다른 업무를 해야 했던 시기도 바로 그때였다. 당시가 하나투어 주가의 가장 낮은 시기였다.

엔데믹 이후에는 중국과 일본, 그리고 동남아 관광객들이 한류 열풍을 타고 대거 한국을 찾게 되면서 여행 관련 주식이 상승할 수밖에 없다. 앞으로 한국 경제가 어려워지고 제조업이 힘들어질수록, 상대적으로 비용이 적게 들면서 외화를 벌어들이는 관광 산업에 관심이 쏠릴 것이다. 정부와 관련 단체들 또한 해외 관광객 유치에 더욱 힘을 쏟을 것이고, 이는 곧 관광 관련 주식에 호재로 작용할 것이다.

하나투어는 2024년에 배당금 2,300원을 지급했고, 2025년에는

2,200원이 예상된다. 주가가 5만 원 중후반대라는 점을 감안하면 배당률은 약 3%대다. 2024년 매출은 6,166억 원, 영업이익은 509억 원으로 영업이익률은 8.2%였고, 당기순이익은 991억 원으로 순이익률이 16%에 달했다. 상당히 좋은 실적이다. 2025년 매출은 6,700~7,200억 원으로 전망하며, 영업이익은 600~800억 원대, 당기순이익은 726억 원으로 전망한다. 영업이익률 9.26%, 순이익률 10.9%로 예상된다.

   2026년, 2027년, 2028년 계속해서, 여행 분야는 폭발적인 성장을 할 것이 분명하다. 중국 관광객들만 대거 들어와도 순식간에 매출이 폭증하고 이익도 같이 늘어날 것이다. 그러니 지금부터 조금씩 매수하는 게 좋다. 2025년 하반기 반짝하고 끝날 종목이 아니다. 2026년, 2027년, 2028년 꾸준히 여행 관련 시장은 좋아질 것이고, 그로 인한 수혜를 계속 받을 게 분명하다. 우선, 2025년 하반기에 해외여행 수요 폭발 및 실적 개선으로 주가가 더욱 반등할 것이다. 그렇기에 하나투어 주주가 되는 것은 괜찮은 결정이라고 본다.

관광·여행
아모레퍼시픽

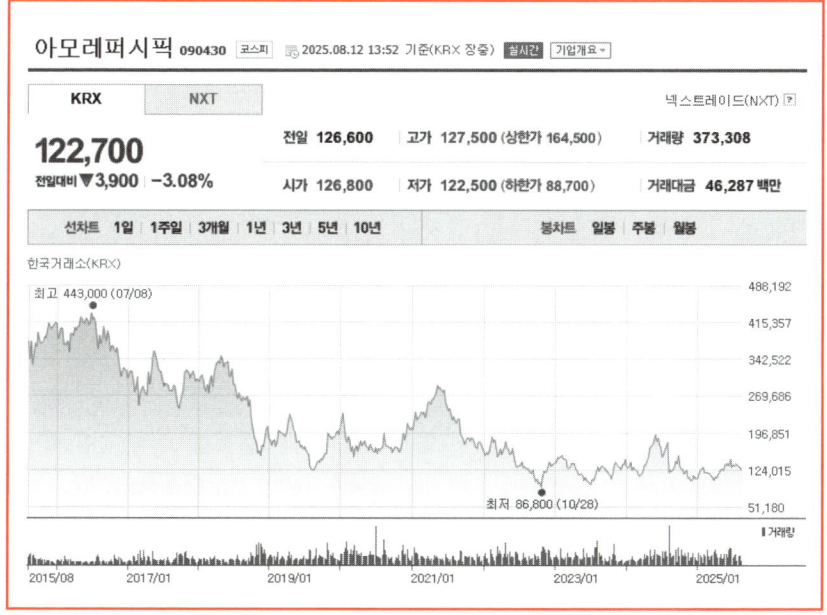

　아모레퍼시픽의 2025년 7월 주가는 13만 7,000원으로, 불과 두 달 전인 4월 10만 원선이 무너졌던 때와 비교하면 약 37% 상승했다. 앞으로도 상승 여력은 충분하다는 평가다. K-뷰티의 성장세에 힘입어 아모레퍼시픽 역시 기대를 받고 있으며, 현재 시가총액은 8.3조 원으로 코스피 70위권에 자리한다. 한때 주가가 47만 원까지 치솟았던 시절도 있었다. 특히 설화수가 중국 시장을 휩쓸던 시기에는, 브랜드 이름만으로도 따이공(보따리상)들이 몰려들었다. 이제는 과거의 이야기처럼 들리지만, 여전히 그 명맥은 굳건히 이어지고 있다.

아모레의 2024년 실적은 3.9조 원이었다. 2025년에는 4.3조 원에서 4.4조 원의 실적을 낼 것으로 전망하고 있으며, 이는 전년 대비 12% 이상 늘어난 수치다. 2024년 영업이익이 2,200억 원이었는데, 2025년 예상 영업이익은 4,000억에서 4,300억 원이라고 한다. 전년 대비 85% 이상 늘어난 수치다. 또한 해외 이익이 사상 처음으로 국내 이익을 넘어설 것이라 전망한다. 2024년 영업이익률이 5.67%, 순이익률은 15.5%였는데, 2025년에는 영업이익률이 9.6%, 순이익률이 8%가 될 거라고 한다. 전년보다 대폭 늘어나는 수치다.

중국 시장에서의 회복과 유럽 시장 진출에 대한 기대감이 긍정적인 요인이라고 한다. 지금은 여전히 10만 원대지만, 2026년, 2027년에 20만 원, 30만 원, 40만 원 이상도 충분히 가능한 종목이라고 본다. 2025년 1분기에만 매출이 1.1조였는데, 영업이익은 전년 대비 55% 증가한 1,289억 원이었다. 따라서 2025년 전체 실적에 대한 기대감은 더욱 커질 수밖에 없다. 여기에 중국 관광객들이 대거 들어오고, 동남아 여행객들도 몰려오면, 자연스레 K-뷰티 제품들 매출도 늘어날 것이다.

아모레퍼시픽은 현재 저가 브랜드로 마몽드, 에뛰드를 서브 브랜드 삼아 다이소 등에 입점해 판매를 확대하고 있다. 고물가가 이어지면서 국내 소비가 가성비 중심, 저가 소비로 변하는 상황에도 발 빠르게 대응하는 모습이다. 국내에서는 저가 라인을, 해외에서는 좀 더 고가 라인을 중심으로 매출을 확대해나가고 있다. 한때 중국에서 엄청 인기를 끌 때 아모레의 매출은 상상을 초월했지만, 그 과거의 영광을 재현할 수 있을지는 두고 봐야 한다. 서구권 즉 북미, 유럽 쪽의 채널 확장으로 고성장이 지속될 것이라 기대한다. 또한 중국 시장도 매출 회복세 및 흑자 전환이 예상된다.

앞으로 한국은 K-드라마, K-POP 공연 등 콘텐츠 산업에 더욱 투자를 확대할 것이다. 그렇게 되면 동남아와 중국을 비롯한 여러 나라 젊은 세대들이 한국 K-화장품에 대해 더 큰 관심을 갖게 될 것이 분명하다. K-컬처의 상승세는 아모레퍼시픽의 실적을 더욱 끌어올리는 힘이 될 것이다. 특히 2025년은 해외 사업 성과가 두드러지고, 경영 효율화로 인해 매출과 영업이익 모두 큰 폭으로 개선되는 해가 될 것이다. 그러므로 앞으로 최소 3~4년 이상은 우상향 흐름이 이어질 것이고, 지금부터 조금씩 매수해두는 것이 좋다고 본다.

관광·여행
롯데관광개발

　롯데관광개발을 2024년 하반기부터 계속 살펴보았다. 부채 비율이 급감했고, 영업 매출이 늘어나던 것에도 계속 관심을 두고 있었다. 2025년 4월 초 주가가 8,000원 초반이던 때도 지켜봤는데, 불과 몇 달 만에 2025년 7월에는 주가가 1.8만 원대를 넘어섰다. 증권사들은

2.5만 원 이상도 가능하다고 보고 있으며, 충분히 그럴 여지가 있다고 생각한다. 9월 29일부터 중국 관광객 무비자 정책이 시행되면 관광객 수는 더욱 늘어날 것이고, 제주도에 있는 롯데관광개발의 카지노에 중국인들이 몰려들 가능성은 더욱 커질 것이다.

 2025년 1분기 제주 방문 외국인은 38만 명이었고, 영업이익은 130억 원으로, 전년 대비 48% 급증했다. 2분기에는 영업이익이 278억 원으로 1분기보다 2배 가까이 늘었다. 전년 대비로 하면 4배 이상 오른 수치다. 매출 역시 2025년 2분기에 1,503억 원을 기록하며 역대 최대 분기 실적을 달성했다. 기존 최대치였던 2024년 3분기 1,296억 원과 비교해도 16% 이상 증가한 수준이다. 특히 사업 부문별로 보면, 2025년 2분기 카지노 매출이 1,100억 원을 넘었는데, 카지노 매출이 1,000억 원을 돌파한 것은 이번이 처음이다.

 연간 실적으로 봐도, 2024년에 4,715억 매출에 영업이익 390억 원이었는데, 2025년은 6,200~6,300억 원대 매출에 영업이익 1,000~1,100억 원이 기대된다고 한다. 영업이익만 따져볼 때, 2.3배가량 늘어나는 수치다. 또한, 3분기에는 여름 성수기가 포함되어 있어, 매출과 이익이 더욱 나아질 것으로 보인다. 지금 증권사에서는 업종 중에서 가장 기대가 되는 종목이라고 말할 정도다. 확실히 앞으로도 더 나아질 가능성이 크다는 것이다.

 부채 비율도 2,591%에서 320%로 급감했다. 2024년 초에 제주 드림타워 복합리조트의 건물과 토지에 대한 자산 재평가를 실시했는데, 기존 장부 1.2조이던 것이, 1조 8,405억 원으로 재평가되어, 차액

6,275억 원이 자산으로 반영되었다. 그러면서 총자산이 2.4조 원으로 늘어났다고 한다. 자산 증가분 중 이연법인세 계상액 1,238억 원을 제외한 5,037억 원이 자기자본으로 반영되었는데, 그러다 보니, 자기자본이 656억 원에서 5,693억 원으로 8.7배 늘어나게 되었다.

앞으로도 전환사채 등으로 인해 부채는 더 줄어들고 자기자본이 대폭 늘어날 가능성이 크다. 게다가 중국인 관광객이 늘어나면서 주가 상승 압력은 더욱 있을 수밖에 없다. 2025년 3분기 중국인 관광객 대상으로 한 무비자 입국을 허용한다. 그렇게 되면, 더욱 중국 관광객들이 몰려들 것이고, 중국인 의존도가 높은 카지노 업계는 더 호황을 보일 게 분명하다. 여름이 포함된 2025년 3분기가 실적이 더 나아질 것으로 기대되니, 주가가 얼마나 더 올라갈지 지켜보는 게 좋겠다. 롯데관광개발의 주가는 더 우상향할 것으로 예상된다.

관광·여행
파라다이스

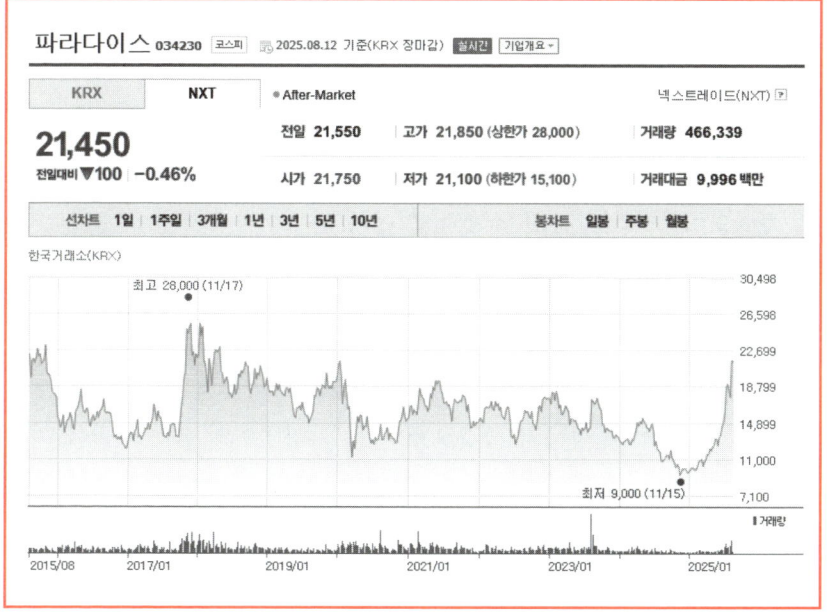

 2024년 하반기 주가는 9,000원 초반대까지 주저앉기도 했었다. 그런데 2025년 7월, 거짓말처럼 주가는 1.9만 원대를 보이고 있다. 주가가 2배 이상 오른 것이다. 하지만 이게 끝은 아닌 듯하다. 앞으로 주가는 더 오를 여지가 충분히 있어 보인다. 어느 날 2만 원을 훌쩍 넘길 수도 있을 것 같다. GKL과 마찬가지로 파라다이스는 중국 관광객 무비자 입국 시행으로 인한 특수를 크게 누릴 것이다.

증권사에서는 목표 주가를 기존 1만 6,000원에서 1만 8,000원대로 올리더니, 실제 주가가 더 오르자 황급히 목표 주가를 다시 상향 조정했다. 이제는 목표 주가를 2만 원에서 2만 6,000원으로 올려놓았다. 아마도 더 올라서 3만 원을 넘볼 가능성도 있다. 관광 산업 특수는 앞으로 몇 년간 지속될 것이므로, 꾸준히 관심을 갖고 지켜볼 필요가 있다.

2025년 6월 4일, 파라다이스는 자사주 소각을 결정했다. 새 정부의 '밸류업 드라이브'에 화답한 행보. 보유 중인 자기주식 541만 주 가운데 10%인 54만 주를 소각하기로 하면서, 1주당 가치를 높이는 효과가 기대된다. 주주 친화적 정책으로 평가받으며 긍정적인 반응을 얻고 있다. 2025년 들어 빙그레, 신세계, 이마트 등이 자사주 소각으로 밸류업에 동참한 데 이어, 파라다이스 역시 같은 흐름을 보여주고 있다.

2025년 2분기 실적은 매출 2,965억 원에 영업이익 400억 원을 기록하고 있다. 2025년 3분기에도 호실적을 달성할 것이라는 분석이 나오고 있다. 연간으로는 2025년에 매출 1조 1,000억 원에서 1.2조 원 수준으로 전망된다. 이는 2024년 1조 721억 원보다 약 8~10%가량 증가한 수치다. 또한 2025년 영업이익은 1,760억 원으로 전망되며, 이는 2024년 1,361억 원보다 크게 늘어난 수치다.

물론 주가 상승에 걸림돌이 되는 요인도 있다. 인천 영종도 지역의 인스파이어 카지노가 공격적인 마케팅을 전개하는 등 카지노 업계의 경쟁이 심화되어 단기적으로 마진 악화 우려도 있다. 또한 외국인 관광객 증가는 호조를 보여도, 국내 내수 경기 부진으로 호텔, 엔터테인먼트 쪽 수익이 악화될 수도 있다. 이 부분도 고려해봐야 한다.

2025년 9월 29일부터 시행되는 중국인 무비자 정책으로 더 많은 중국 관광객들이 몰려들 것이고, 그로 인한 특수는 톡톡히 볼 것 같다. 파라다이스는 중국인 관광객 중 VIP 고객들의 유입 증가가 컸다. 중국 관광객은 더욱 몰려들 것이고, 일본인 고객도 꾸준히 유입되고 있어, 좋은 영향을 받고 있다. 더불어 VIP 공간 확대로 고수익 고객을 위한 투자가 늘어나고 있어, 앞으로 매출과 이익 증가를 기대할 수 있는 구조다. 전반적으로 긍정적인 실적 흐름이 예상된다.

관광·여행
GKL

　GKL(그랜드코리아레저)은 2005년에 설립된 외국인 전용 카지노 운영 기업으로, 한국관광공사가 지분 51%를 보유하고 있다. 현재 서울 강남 코엑스점, 서울 용산 드래곤시티점, 부산 롯데점 등 총 3곳에서 '세븐럭(Seven Luck)'이라는 브랜드로 외국인 전용 카지노를 운영 중이다.

2024년에 하락했던 홀드율이 2025년 상반기 들어 정상화되는 모습을 보이고 있다. 특히 프리미엄 매스 고객 비중이 늘면서 홀드율 개선이 자연스럽게 이어질 것으로 전망된다. 참고로 홀드율이란 카지노가 고객으로부터 회수한 금액의 비율을 의미한다. 예컨대 홀드율이 10%라면, 고객이 100만 원어치 칩을 구매했을 때 카지노는 10만 원을 가져가고, 나머지 90만 원은 고객에게 돌아간다는 뜻이다.

2025년 8월 현재 주가는 1만 6,000원대를 보이고 있으며, 일시적으로 조정을 받아 1만 5,000원대까지 내려온 적도 있다. 그러나 불과 2025년 3월까지만 해도 1만 원에서 1만 1,000원 사이였음을 감안하면 크게 오른 상황이다. 여러 증권사에서 여전히 '매수' 의견을 유지하고 있으며, 목표 주가를 2만 원까지 제시하고 있다. 장기적인 관점에서 실적 회복에 대한 기대감이 여전히 남아 있다고 봐야 한다. 또한 마케팅 비용 집행도 효율화가 추진되고 있어, 콤프(카지노 고객에게 제공되는 숙박, 식사 등의 서비스) 비용이 감소하면서 수익성이 개선되고 있다고 한다.

2025년 9월 말부터 중국 무비자 입국 정책이 시행될 예정이어서 GKL 주가 상승 가능성은 충분하다. 중국 관광객 수가 꾸준히 늘고 있는 만큼 그 효과를 톡톡히 볼 것이다. 중국 경제가 현재 좋지 못한 상황에서, 정권 안정을 위해 관광·여행을 장려할 수밖에 없다는 점도 긍정적으로 작용할 것이다. 특히 서울 시내 주요 사업장이 강남과 강북에 자리 잡고 있어 접근성이 좋고, 용산 드래곤시티는 중국인 고객 유치에서 더 큰 이점을 가질 것으로 보인다.

또한 각종 정치적 상황 속에서 중국이 한국에 화해 제스처를 보일 수밖에 없고, 그 일환으로 관광객 유입이 대폭 늘어날 것으로 예상된다. 한류 관광 역시 더욱 확대될 것이다. 주요 재무 실적을 보면, 2025년 매출은 4,500~5,000억 원에 영업이익 700~800억 원대, 영업이익률이 15% 이상을 기대한다. 순이익률도 12.5%를 넘을 거라고 본다. 주당 배당금도 362원이라고 한다. 매출은 2024년 대비 10% 이상 늘어나는 수치다. 영업이익은 전년 대비 85% 이상 늘어나는 모습이다.

중국 단체 관광객 무비자 정책 시행으로 중국 관광객이 대폭 늘어나면서 점진적인 상승세를 이어갈 가능성이 크다. 2026년에는 매출 5,000~5,500억 원, 영업이익은 800~900억 원으로 예상한다. 2025년보다 더 늘어날 것이라는 전망이다. 이는 곧, 지속적인 성장을 한다는 의미다. 마카오의 카지노 시장 규제가 계속될수록, GKL 등 한국 카지노에 반사이익이 생길 거라고 한다. 최소 몇 년간은 관광·여행·카지노 쪽의 상승세를 보일 듯하다.

5-7 관광·여행
강원랜드

    강원랜드의 2025년 7월 주가는 2만 원으로, 2025년 4월 1.5만 원에서 불과 몇 달 만에 30% 이상 상승했다.

    2024년 실적은 매출 1.4조 원, 영업이익 2,833억 원, 당기순이익 4,554억 원이었다. 2025년에는 매출이 전년 대비 2.3% 증가한 1.45조 원, 영업이익은 3,000억~3,200억 원 수준으로 5% 이상 늘어날 전망이다. 당기순이익은 3,542억 원으로 22% 감소할 것으로 보이지만, 이는 2024년에 일회성 부가가치세 환급금이 반영되었기 때문이다. 따라서 본업에서의 실질 이익은 오히려 증가했다고 해석할 수 있다.

강원랜드는 배당 측면에서도 매력이 크다. 2023년에는 930원, 2024년에는 1,170원을 배당했으며, 2025년 8월 주가 기준으로 배당 수익률은 약 6.2%에 달한다. 회사는 2024~2026년 3년간 당기순이익의 60% 이상을 주주에게 환원한다는 목표를 세웠고, 배당 성향을 최소 50% 이상 유지하며 자사주 매입도 병행하겠다고 밝혔다. 이러한 특성 덕분에 강원랜드는 전형적인 고배당주로, 특히 불황기와 경기 침체기에 투자자들의 관심을 받는다. 다소 불편한 사실이지만, 강원랜드는 국가가 허가한 합법적 도박 산업이라는 점에서 안정적인 수익 구조를 갖추고 있다.

베팅 한도를 상향 조정했다는 뉴스도 있다. 바카라 테이블 2대의 베팅 한도가 기존에 5~200만 원이었는데, 50~3,000만 원으로 늘렸다. 블랙잭 테이블 2대와 텍사스홀덤 포커 테이블 2대도 각각 베팅 한도를 10만 원에서 30만 원으로 상향 조정했다. 당연히 매출이 늘어날 수밖에 없다. 2027년까지 테이블도 250대로 증가시키고, 머신도 1,610대로 증가할 거라고 했다. 외국인 전용 구역의 베팅 한도는 기존 30만 원에서 3억 원까지 상향되었다고 한다. 강원랜드 매출이 늘어날 수밖에 없는 이유라고 봐도 되겠다.

목표 주가를 증권가에서는 2.1만 원으로 잡아놨는데, 2.5만 원, 3만 원까지 봐도 무방할 거라고 본다. 국내 유일의 독보적인 지위를 유지하고 있다. 내국인이 출입 가능한 카지노라는 이점이 강원랜드의 매출을 뒷받침해주고 있다. 물론 공기업 성격상 각종 규제가 뒤따르고, 도박 산업에 대한 부정적 인식도 피하기 어렵다. 게다가 일본 오사카에 대형 복합리조트가 들어설 예정이라 향후 경쟁 요인이 될 수도 있다.

내수 부진, 소비 위축, 가계 부채 증가 때문에 매출이 줄어들 수도 있다고 하는데, 경제 불황에 죄악시되는 도박이 도리어 허용되는 공간이기에, 매출이 줄어들 가능성보다는 오히려 더 늘어날 거라고 보는 의견도 많다. 2025년 실적에는 2024년 2분기 부가세 소송에서 승소해 1,230억 원 환급받을 금액도 있고, 매년 100억 원 규모의 비용 감소도 계속 발생하게 된다. 또한, 2025년 중에 폐광기금 부과처분 취소 소송의 대법원 판결도 나올 수 있다. 승소하게 되면, 1,887억 원을 환급받을 수 있어, 이 또한 호재다. 그러므로 강원랜드에 관심을 갖고 주주가 되어보는 것도 나쁘지 않을 것 같다.

관광·여행
대한항공

2025년 8월 주가는 2.4만 원대를 보인다. 24년 9월 가장 낮았을 때가 1.9만 원대였다. 여러 증권사에서 목표 주가를 3.1~3.3만 원대로 보고 있다. 대략 4~5년 이후에는 주가가 5~6만 원이 될 수도 있을 것이다. 아시아나항공과 합병하면서 사실상 독점적 지위를 갖춘 대형 항공사가 탄생한 만큼, 장기적인 성장 가능성은 충분하다. 다만 합병 직후에는 인력 중복, 시스템 개편 비용, 구조조정 부담 등으로 단기적인 비용 증가는 피하기 어려울 것이다.

그러나 3년, 5년이 지나면서 항공기 기장 수는 자연스럽게 감소하고, 고임금 인력도 줄어들며 중복 요인들이 해소될 것이다. 이에 따라 실적 개선이 본격화될 전망이다. 불필요한 노선을 정리하고 비효율적인 운영을 바로잡으면 수익성은 한층 강화될 것이다. 최근 이란과 이스라엘 간 휴전으로 국제 유가가 하락하면서 대한항공 주가에도 긍정적인 영향이 나타나고 있다. 더불어 2025년 하반기 국제선 여객 수요가 꾸준히 늘어나고 있으며, 2026~2030년에도 여행 수요 확대가 이어질 것으로 보여 장기적인 호재가 될 것이다.

특히 원화 강세와 저유가 분위기가 조성되면 이익은 더욱 폭증할 것이라 본다. 항공사들은 항공기 매입대금과 연료비의 절반가량을 외화로 지급한다. 그래서 원, 달러 환율이 낮아질수록 비용이 줄어든다. 원 달러 환율 10원 하락할 때마다 350억 원의 환차익이 생긴다고 한다. 100원 떨어지면, 3,500억 원의 이득이 생기는 것이다. 엄청난 이익이다.

2025년 매출은 26조 중반으로 전망된다. 이는 아시아나 항공 실적이 2025년부터 대한항공의 연결실적으로 인식되기 때문이다. 영업이익도 2024년 1.9조 원에서 2025년 2~2.5조 원으로 큰 폭의 증가가 예상된다. 배당은 2024년 750원에서 2025년에 812원으로 늘어날 것으로 보인다. 2026년에는 대한항공의 매출이 더욱 증가할 것으로 예상한다.

아시아나 항공과의 합병 이후 실적이 통합될 경우, 매출은 더욱 늘어나고 규모의 경제를 보일 것이라고 한다. 또한 영업이익도 2025년의 2~2.5조, 2026년에는 2.5~3.0조까지 내다보고 있다. 합병 효과로 인한 노선 중복 해소, 효율화가 본격적으로 성과를 내기 시작하면 역대급 실적을 기록할 가능성도 크다.

따라서 대한항공은 단기보다는 중장기적으로 담아두고 지켜볼 만한 종목이다. 꾸준히 성장세를 이어갈 가능성이 높아, 조심스럽지만 긍정적인 전망을 기대해도 좋겠다.

관광·여행
진에어

 진에어는 대한항공의 자회사로, 대한항공으로부터 정비, 급유, 케이터링 서비스 등을 지원받고 있으며, 기체 대부분을 대한항공으로부터 물려받았다. 직원들 또한 같은 계열사라는 점에서 협업하는 모습이 자주 보인다. LCC 특성상 기본 운임은 낮게 책정하고, 기내식·좌석 지정 등 부가 서비스를 유료화해 수익을 올리는 구조다.

진에어 주가는 2025년 7월, 9,000원대다. 코로나 팬데믹 때에는 주가가 5,000원 밑으로 내려간 적도 있었고, 2025년 4월에 8,000원 아래로 내려간 적도 있다. 여전히 주가는 낮은 편에 속한다. 증권사들의 목표 주가는 1.1~1.3만 원 사이다. 한때 진에어가 상장할 당시 주가는 2.9만 원이었다. 그때와 비교하면 1/3인 셈이다. 대한항공과 아시아나의 합병이 마무리되면, 에어부산, 에어서울 등 아시아나 항공 계열의 LCC들이 진에어를 중심으로 통합될 가능성이 있다고 한다. 그렇게 통합 LCC가 탄생하게 되면, 중복 노선 통폐합과 운영 효율화를 통해 더욱 강해질 것으로 보인다. 국내 LCC 중에 가장 큰 규모를 갖게 될 것이다.

환율이 안정되고, 원화 강세가 되면, 수익이 개선될 수 있다. 또한 유가가 하락하면 더욱 이익이 늘어나게 된다. 2023년에 매출 1.3조에 영업이익이 1,820억 원을 보이면서 흑자 전환을 이뤘다. 그리고 2024년에는 매출이 1.4조로 전년 대비 14.4% 늘었으나, 영업이익은 1,667억 원으로 전년보다 8.5% 줄었다. 2025년에는 매출은 2024년과 비슷하거나 소폭 감소할 것으로 전망되고, 영업이익은 960~1,200억 원으로 전년보다 줄어들 것으로 본다. 고환율과 LCC 간의 경쟁 심화에 따른 운임 하락 영향 때문이다.

그래도 2025년 하반기에는 원화 강세에 따른 비용 절감과 대한항공 중심의 LCC 3사 통합이 수익성이 개선될 수 있다. 통합 이후에 중복 노선 조정하고, 슬롯 재배치하고, 정비 및 조업을 통합하게 되면, 추가적인 시너지가 나올 수 있기 때문이다. 또한 향후 유가가 내려가게 되면,

유류비가 절감되어 수익성 개선을 기대할 수도 있다.

  2026년에는 매출이 2025년보다 점진적으로 증가할 것으로 예상되며, 영업이익은 1,000~1,500억 원 수준으로 LCC 통합 이후 효율화 효과가 반영될 전망이다. 물론 통합 초기에는 시스템 개편과 구조조정 비용이 발생하겠지만, 중장기적으로는 이익이 확대될 가능성이 크다. 따라서 저유가, 원화 강세 등 외부 환경 호재가 맞물린다면 진에어의 이익은 더욱 늘어날 수 있을 것이다.

5-10 관광·여행
호텔신라

　호텔신라는 대표적인 호텔 및 면세점 사업자로, 신라면세점을 운영하고 있다. 코로나19 팬데믹으로 해외여행 수요가 급감하면서 큰 타격을 입었지만, 최근 해외 관광객 수가 늘어나면서 점차 회복세를 보이고 있다. 다만 과거 중국 따이공 매출은 이제 더 이상 유효하지 않아 새로운 대책이 필요한 상황이다.

2025년 9월 29일 중국 단체 관광객 무비자 시행으로 인한 특수를 기대하고 있다. 2025년 9월 말부터 내년 6월까지 한시적으로 시행해 중국 관광객들을 대거 불러들일 예정이다. 또한 기존의 면세점 간의 과당 경쟁이 진정되는 기미가 보이고 있고, 면세점들은 자체적으로 사업을 축소하고 인력을 줄이는 등의 구조조정 과정을 거치고 있어, 향후 실적 개선을 조심스레 예상 중이다. 2025년 4월 말부터 신라면세점은 희망퇴직을 실시했다. 다른 면세점들이 2024년과 2025년 초에 했던 것에 비해 상대적으로 늦은 감이 있다. 높은 공항 임차료 등 비용 부담을 줄이기 위한 궁여지책이었다. 경쟁사 면세점들도 폐점 등 구조조정 과정을 거치면서 경쟁이 예전보다 약해졌다. 다들 수익성 개선에 집중하고 있다.

2024년 신라면세점 매출은 3.3조 원, 영업손실은 687억 원이었다. 2020년 이후 4년 만의 영업손실로, 고환율과 면세점 가격 인상으로 인한 매출 감소가 주요 원인이었다. 인천국제공항 임대료 부담도 컸으며, 중국 관광객들의 소비 패턴 변화도 실적 악화에 크게 작용했다.

2025년 2분기 매출은 1조 254억 원으로 전년 대비 2% 증가했으나, 영업이익은 87억 원으로, 시장 기대에는 미치지 못했다. 1분기 영업손실 -25억 원에서 흑자 전환한 것은 긍정적이지만, 기대에 못 미쳤다고 한다. 그래도 2025년 하반기에는 수익성 중심으로 영업하려는 분위기가 조성되고 있다. 이에 점진적인 실적 개선이 있을 것으로 보인다. 계속 힘든 상황으로 가지는 않을 것이다. 중국 관광객들이 대거 입국하면 아무리 쇼핑 패턴이 변했다고 해도, 기본적인 매출 증가는 있을 것이다.

그러니 너무 비관적으로 보지 않아도 될 것 같다.

현재 호텔신라를 바라보는 시장의 시각은 반반이다. 2025년 8월 주가는 4.7~4.8만 원대 수준이며, 2024년 12월에는 3.6만 원까지 떨어진 바 있다. 일부에서는 구조적 어려움이 여전히 크다고 보지만, 다른 한편에서는 실적 개선 기대감이 반영될 수 있다고 본다. 결국 호텔신라는 수익성 중심의 사업 재편이라는 숙제를 안고 있으며, 2025년 하반기 면세점 사업이 턴어라운드 흐름을 보여준다면, 주가는 다시 반등할 가능성이 크다. 실질적인 개선이 뒷받침된다면 상승 여력이 충분하다고 조심스레 기대해본다.

주가가 폭등해도
실제 수익을 얻는 사람은 고작 10%

많은 사람들이 주식 시장에 들어와 돈을 벌겠다고 다짐한다. 그러나 실제로 수익을 내고 떠나는 이는 소수에 불과하다. 왜일까? 주식 시장은 결코 만만하지 않기 때문이다.

신기한 건, 부동산은 최소 4~6년을 내다보고 시세 차익을 기대한다. 적금조차 2~3년은 묵혀두며 기다린다. 그런데 유독 주식은 1년도 채 못 기다린다. 바로 그 조급함 때문에 손해를 보고 시장에서 밀려나는 것이다.

특히나 요즘은 모바일로 언제든지 사고파는 게 가능해서, 더욱더 조급함이 심해지는 거 같다. 물론 때로는 손절매도 필요하다. 그러나 너무 사고파는 횟수가 많아지면, 돈을 벌기보다 잃기가 더 쉽다. 증권사에서 제일 싫어하는 고객은 사고 팔지 않는 사람이다. 한번 사서 5년, 10년 이상 묻어두는 고객은 증권사 입장에서는 돈이 안 되는 고객이다. 그러나 개인 투자자 입장에서는 사고, 묻어두는 이가 고수일 가능성이 크다. 최소 5년 이상을 묻어두면, 대체로 이득을 볼 가능성이 커지기 때문이다.

물론 그런 주식을 샀는데도, 그 기업의 대주주가 중복 상장을 하거나 온갖 장난질을 치면, 주가는 속절없이 무너지기도 한다. 나는 이마트 주식을 30만 원에 매수했다. 지금 주가는 8~9만 원 중반대다. 2025년 한때, 주가는 6만 원 중반까지 내려가기도 했다. 평 단가가 30만 원인 나에게는 6만 원이든, 8만 원이든 솔직히 손해가 막심한 상태다. 그래도 좀 더 두고 보려 한다.

2025년 상법 개정 시행 이후, 어느 시점이 되면 나아지리라 기대한다. 물론, 당장 1년 안에 30만 원이 되는 일은 안 생길 것이다. 그러나 개미들, 일반주주들에게 피해를 주는 행동을 계속할 수는 없으리라고 본다. 이때까지처럼 계속 경영진이 일반 주주들에게 피해를 준다면, 행동주의 펀드니, 뭐니 하는 곳들과 연합해서, 지금의 대주주에 대항하는 일이 생길 수도 있을 것이다. 확실히 기존과는 다른 모습으로 전개될 거라고 본다. 그래서 기다리고 지켜볼 작정이다.

물론 기다리고 인내하는 것이 쉽지는 않을 것이다. 그러나 해보려 한다. 그렇게 인내하고 기다리다 보면, 10%의 소수에 내가 들어갈 수 있지 않을까 생각한다. 그 정도 각오여야, 손해를 만회하고 수익을 볼 수 있을 것이다. 물론, 기다린다고 다 되는 것도 아니라는 것도 받아들여야 한다. 정말 망하지 않을 회사인 줄 알았는데도 망하는 경우도 생기기 때문이다.

흥분하면 진다.
마음 단단히 먹어야 한다

주식 시장에서 흥분하면, 일이 순식간에 엉망이 된다. 마음을 다스리는 게 정말 어렵다. 그러나 그렇기 때문에 더더욱 내 자신을 컨트롤할 수 있어야 한다. 흥분하면 판단력이 흐려지고, 충동적인 결정을 하게 된다. 그리고 대부분의 경우 곧바로 후회한다. 불필요한 행동으로 내 삶이 뒤틀리고, 불안해지고, 과하게 활성화된 뇌가 나를 가만두지 않는다. 그러다 결국 오판하고 잘못된 선택을 하게 만든다. 지금 팔면 안 되는데 조급해져서 다 팔아버리거나, 지금 안 사면 영영 못 살 것 같아 덜컥 매수해버리는 식이다.

과도한 에너지 소모와 스트레스는 우리를 안절부절못하게 만든다. 때로는 극심한 피로감이 몰려오고, 무기력해지기도 한다. 그렇기에 최대한 흥분하지 않고 냉정함을 유지하는 게 필요하다. 주가가 폭등하면, 사람 마음은 쉽게 진정되지 않는다. "수익을 봤으면 그냥 빠져나오면 되잖아?"라고 말은 쉽지만, 실제로는 그 순간 빠져나오는 것이 더 어렵다. 만약 팔고 난 뒤에 주가가 더 폭등하면, 사람들은 괴로워한다. '내가 가만히만 있었어도 더 벌 수 있었는데'라는 생각에 마음이 요동치는 것이다.

그래서 먼저 내가 흥분 상태에 있음을 자각하는 것이 중요하다. 내 상태를 파악하고, 흥분을 누그러뜨리기 위해 어떤 방법을 선택할지 미리 정해두어야 한다. 심호흡을 30번 하며 당장의 화를 늦출 것인지, 불필요한 말로 상황을 악화시키지 않기 위해 어떻게 할지 스스로 정하는 게 좋다. 그렇게 차분히 상황을 바라볼 수 있어야, 주식 시장에서 실수를 줄일 수 있다. 매수, 매도를 착각하고 잘못하는 일도 있다. "에이, 그런 일이 설마 일어날까?"라고 말하는 이들도 있는데, 실제로 수시로 벌어지는 일이다.

그래서 진정해야 한다. 진정하는 방법으로 심호흡은 가장 강력하고 즉각적인 효과를 가져다준다. 흥분하면 호흡이 빨라지는데, 이것을 의도적으로 천천히 하면서 들이마시고 내쉬다 보면, 진정되는 게 느껴진다. 또한, 찬물 세수도 좋다. 차가운 자극은 심박수를 늦추게 해준다고 한다. 만약 주가가 급락해서 손해가 막심하다고 하면, 핸드폰을 손에서 놓거나, 아예 호주머니 안에 넣어버리고 안 보려고 하는 의식적인 노력이 필요하다.

또한, 내가 지금 '매우 화가 났다', '매우 흥분했다', '갑자기 급등하거나 급락해서 내 마음이 진정이 안 된다'라는 것을 솔직하게 인정하고, 나 자신에게 말하는 것도 방법이다. 흥분을 진정시키는 것에도 연습이 필요하다. 미리 연습해놓으면 그 상황이 생겼을 때, 좀 더 냉정하게 제대로 된 대처를 할 수 있다. 그러므로 미리 자신에게 적당한 방법을 정해놓고, 실천해보자. 연습해보자. 그러다 보면, 내게 적합한 컨트롤 능력이 생기지 않겠는가.

지주사
SK

　지주사 중 SK는 압도적이라고 본다. SK는 에너지, 통신, 반도체 등 다양한 산업군을 가진 국내 대표 지주사다. 대표 자회사로는 SK이노베이션, SK텔레콤, SK하이닉스가 있다. 2025년 6월 한 달 동안 주가가 무려 23% 이상 상승했고, 7월에는 22만 원대를 기록하고 있다. 불과 얼마

전만 해도 12만 원, 13만 원 수준이었던 때가 있었음을 생각하면 큰 폭의 상승이다. SK는 SK스페셜티 매각 등으로 재무구조를 개선하고 있어 앞으로도 주가가 더 오를 가능성이 충분하다. 계열사 수는 2024년 9월 기준으로 219개에 이르는데, 이는 삼성(63개), 현대차(70개), LG(60개)와 비교해도 3배가 넘는 수준이다. M&A를 통해 성장해온 결과다. 다만 앞으로는 저수익, 중복 사업을 매각하거나 합병하며 구조조정을 진행할 것으로 보인다.

SK 계열사 중 핵심은 단연 SK하이닉스다. 시가총액이 200조 원을 넘어서며, 2025년 6월 말에는 213조 원까지 기록했다. 삼성전자에 이어 국내 시총 2위다. 이에 비해 SK 지주사의 시총은 15조 원에 불과하다. SK하이닉스와 지주사 SK의 시총 간 괴리에 대해서는 곰곰이 생각해볼 필요가 있다. 2025년 2분기 SK하이닉스 매출은 22.2조 원으로 전년 동기 대비 35% 증가했고, 영업이익은 9.2조 원으로 68% 늘었다. 이러한 실적 호조는 지주사 SK에도 당연히 긍정적인 영향을 미치고 있다.

SK의 배당은 주당 7,000원, 배당률은 3%대다. 만약 앞으로 5년, 10년 뒤 SK 주가가 50만 원, 100만 원이 되고 배당금이 3~5만 원까지 늘어난다면, 지금으로서는 지나친 상상일 수 있지만 전혀 불가능한 이야기만은 아닐지도 모른다. 실제로 과거 SK의 임원 중 한 명이 "SK 주가는 200만 원도 될 수 있다"고 언급한 적도 있었다. SK의 현재 PBR은 0.46인데, 이를 0.7배까지 올리겠다는 목표를 밝힌 바 있다. 그래서 앞으로 좀 더 기대감을 가져도 좋을 듯하다.

2025년 예상 매출 실적은 122조 원으로, 전년과 비슷한 매출 실적이지만, 영업이익은 2024년에 2.3조에서 2025년에는 3.6조 원으로 개선될 전망이다. 연 매출이 122조인데, SK의 시가총액은 15조다. 연 매출에 비해 시총이 너무 적은 것 같다. 2025년 1분기 매출이 31조, 2분기는 30조다. 영업이익은 1분기에 4,000억인데, 2분기에는 9,475억 원 예정이라고 한다.

SK하이닉스의 실적 개선, SK이노베이션의 턴어라운드 기대감이 더해지며 SK 주가를 끌어올리는 중이다. 물론 SK하이닉스를 직접적으로 보유한 지주사는 SK스퀘어이며, SK는 SK스퀘어 지분을 30% 보유하고 있다. 이를 통해 SK는 SK하이닉스에 간접적으로 약 6% 정도의 지분을 가진 셈이다. 그러나 실질적인 지배권은 SK가 쥐고 있기에, SK 주가에 대한 기대는 여전히 유효하다. 상법 개정 이슈와 맞물려 52주 신고가를 경신하기도 했으며, 2025년 7월 초에는 24만 원을 기록했다. 앞으로도 상승 여력은 충분하다고 본다. 그러므로 주가가 출렁일 때마다 조금씩 모아가는 전략이 합리적일 것이다.

지주사
GS

GS는 크게 에너지·유통·건설 부문으로 나눌 수 있다. 에너지에서는 GS칼텍스가 SK, 현대오일뱅크, S-oil과 함께 국내 주요 정유사로 자리 잡고 있으며, 그룹 핵심 자회사인 GS에너지는 20여 개 자회사를 두고 있다. GS는 이 회사 지분을 100% 보유하고 있고, GS에너지는 다시 GS

칼텍스 지분 50%를 보유하며 GS 전체 배당수익의 약 70%를 책임진다. 유통 부문에서는 GS25 편의점과 GS슈퍼마켓 등을 운영하는 GS리테일 지분 60%를 갖고 있으며, GS편의점과 GS홈쇼핑 역시 업계 인지도가 높다. 건설 부문에서는 GS건설의 아파트 브랜드 '자이'가 대표적인 주거 브랜드로 자리매김하고 있다.

2025년 GS의 연 매출은 25~26조 원, 영업이익은 2조 원 초반대가 될 것으로 예상된다. 전반적으로 GS칼텍스의 점진적인 회복과 GS건설의 실적 턴어라운드가 그룹 전체 실적 개선을 이끌 것으로 보인다. 특히 GS건설은 2025년 주택 사업 매출 증가와 원가율 개선을 통해 그룹 영업이익에 크게 기여할 전망이다.

GS 주가는 2025년 4월 3만 원 중후반대에서 7월 5.3만 원, 8월에는 4.8만 원대로 움직였다. 불과 몇 달 사이에 50% 이상 급등한 셈이다. 5.3만 원 기준 배당금은 2,700원으로 배당수익률이 5.1%에 달한다. 만약 4월의 3만 원대 중반에서 매수했다면 배당률이 무려 9%가 넘는다. 현재 시가총액은 약 4.9조 원으로 크지는 않지만, 상법 개정 이후 지주회사로서의 재평가 기대감을 반영할 만하다. 실제로 증권사들은 목표 주가를 5.6만 원에서 6.1만 원으로 상향 조정했다.

상법 개정은 GS 주가에 긍정적인 영향을 줄 것이다. 물론 오너 일가 지분율이 약 50.7% 수준이어서 다른 기업보다 M&A 위협은 낮지만, 기업 밸류업 프로그램 도입과 상법 개정을 통해 저평가가 상당 부분 해소될 가능성이 크다. 현재 GS의 PBR은 0.36으로 대표적인 저PBR 기업이다. 앞으로 주주환원 정책을 강화하고 자사주 소각, 매도 등을 실행할 가능성도 크다.

  GS는 꾸준히 배당을 이어가고 있다. 지주회사로서 계열사로부터 받는 배당금은 안정적인 현금흐름을 보장하며, 이는 투자자들에게 매력적인 요소다. 2025년 하반기로 갈수록 지금의 주가보다 더 상승할 여지가 있다는 분석이 많으니, 유심히 지켜보며 꾸준히 주식을 사 모아가면 좋을 듯하다.

지주사
CJ

　　CJ는 물류, 엔터테인먼트 등 소비재 중심의 사업을 가진 지주사다. 대표 자회사로 CJ제일제당, CJ ENM, CJ대한통운이 있으며, 특히 CJ제일제당을 중심으로 한 식품 사업이 꾸준히 성장하고 있다. CJ는 자회사 관리와 투자를 통해 수익을 얻는다. 2025년 연 매출은 45.9조 원으로 전년 대비 약 5% 증가할 것으로 예상되며, 영업이익은 2.9조 원으로 전년보다 14% 증가할 것으로 전망된다.

주가는 2023년 7월 6만 원에서 2025년 4월 11만 원대로 상승했고, 7월에는 17.5만 원까지 올랐다가 현재는 15만 원대를 보인다. CJ는 지주사이기에 CJ제일제당, CJ ENM, CJ대한통운, 그리고 비상장사인 CJ올리브영의 실적에 따라 주가가 크게 영향을 받는다. 특히 CJ올리브영은 그룹 내 가장 알짜 계열사로 꼽히며, 2024년 매출 3.8조 원, 영업이익 4,607억 원을 기록해 전년 대비 각각 39%, 70% 성장했다.

향후, CJ올리브영을 CJ 지주회사와 합병할 것이라는 이야기가 시장에서 나오고 있다. 기존에는 경영 승계를 위해서 CJ 올리브영을 상장시키거나, CJ와 합병할 가능성이 같이 거론되었다. 그런데 상법 개정 이후 CJ올리브영을 상장시키는 안은 힘들어질 것 같다. 주주 가치 제고가 화두가 되면서 중복 상장이 쉽지 않을 듯하다. 그래서 CJ올리브영을 CJ와 합병하는 쪽으로 추진할 것이라는 전망이다.

CJ올리브영이 미국 시장 진출 등 해외 시장 확대 중이어서 장기적인 성장 가능성이 크다. CJ그룹은 이재현 회장의 장남인 이선호 실장이 유력한 후계자이고, 핵심 연결고리가 CJ올리브영이다. 현재 CJ 최대 주주는 이재현 회장이고, 이선호 실장은 지주사 CJ 지분을 3.4% 보유하고 있다. CJ 지분을 확보해야 하는 입장이어서, 이선호 실장이 보유한 CJ올리브영 지분 11%를 이용해서, CJ와 합병을 추진해 진행할 듯하다.

물론, 4세 경영인인 이선호 실장 입장에서는 CJ올리브영의 기업가치는 최대한 높게 평가받고, CJ 가치는 낮게 평가될 때, 합병되는 게 유리하다. CJ 주가가 오르면, 그만큼 이선호 실장에게는 부담이다. CJ의 순자산은 5.4조 원이고, CJ올리브영은 9,973억 원보다 5배 이상 많다. CJ 주주 입장에는 합병이 자신들의 지분 가치에 영향을 줄 수 있어, 우려할 수도 있다. 그래서 제대로 된 보상안이 있어야 합병이 가능할 수 있다.

   CJ 지주사 주식뿐만 아니라, CJ4우에도 관심을 가져볼 만하다. CJ4우는 2019년에 이재현 회장이 두 자녀에게 184만 주를 증여했다. CJ4우는 2029년부터 보통주로 전환할 수 있어, 이선호 실장이 CJ 지분을 늘리는 데 도움이 된다. 또한 CJ4우는 배당금을 통해 승계 과정에서 필요한 상속세 및 증여세 재원 마련에도 이득이다. 그래서 CJ와 같이 CJ4우 주식도 같이 챙겨보는 게 좋겠다.

지주사
한진칼

한진칼은 한진그룹의 지주회사다. 과거 사모펀드 KCGI와 경영권 다툼을 벌였고, 최근에는 호반그룹과 지분 경쟁을 이어가고 있다. 한진칼은 대한항공 지분 26.1%를 보유하고 있으며, 대한항공의 실적이 한진칼의 주요 수익원이 된다. 대한항공과 아시아나항공의 통합이 마무리

되면 사업 규모 확대와 시장 지위 강화로 한진칼의 기업 가치는 더욱 높아질 것이다. 이후 산업은행이 보유한 10.58%의 지분 매각도 거론되고 있어 향후 지분 구도가 어떻게 바뀔지 주목된다.

주가는 2024년 8월 5.9만 원이었으나 2025년 5월 말에는 16.5만 원까지 치솟았다가 현재는 11~13만 원대를 보이고 있다. 특히 2025년 5월 13일 하루 동안 주가가 29.9% 급등해 11.6만 원을 기록했는데, 이는 호반그룹이 한진칼 지분을 추가 매입했다는 소식 덕분이었다. 호반의 지분율은 기존 17.44%에서 18.46%로 높아졌고, 이로 인해 한진칼 최대 주주인 조원태 회장과의 격차가 2% 이내로 좁혀졌다.

호반그룹은 2022년 한진칼 경영권 분쟁에 뛰어들었던 사모펀드 KCGI로부터 한진칼 지분을 전량 사들여 한진칼 2대 주주로 올랐고, 2023년에는 팬오션으로부터 5.85%를 추가로 사들여 지금의 지분율 18.46%를 확보했다. 과거에 호반그룹은 아시아나 항공 모회사인 금호산업 인수에 참여했다가 실패한 전력이 있다. 한진칼 펀드 등이 시장에 나올 경우, 호반 그룹이 추가 매수에 나설 가능성이 크다고 볼 수 있다.

당장의 경영권 분쟁, 호반그룹의 위협이 주가 변동성을 크게 만들 수 있다. 2025년 8월 말에 한진칼 펀드 만기라고 한다. 그래서 2025년 8월 말 이후, 호반이 어떻게 나오느냐에 따라 주가가 또 영향을 받을 수 있을 듯하다. 당장은 조원태 한진 회장에게 우호적인 지분들이 있어 경영권 안정이 가능하다고 한다. 그러나 호반그룹의 지분 비율이 꽤 위협적이므로, 신경이 쓰일 수밖에 없다. 결국은, 주주환원 정책을 펼칠 수밖에 없을 것이다.

실제로 2024년 2월 공시에서, 2024년부터 2026년까지 3개 년 동안 당기순이익의 50%를 주주에게 환원하겠다고 발표했다. 2024년 배당은 360원으로 배당 성향이 12.5%에 불과했지만, 앞으로는 배당 성향을 크게 높여 배당금 규모도 늘릴 수밖에 없다. 경영권 분쟁은 단기 이슈로 끝나지 않을 가능성이 크고, 그만큼 주주환원 압력은 더 거세질 것이다. 따라서 한진칼에 관심을 갖고 지켜보는 것은 나쁜 일이 아닐 듯하다.

지주사
롯데지주

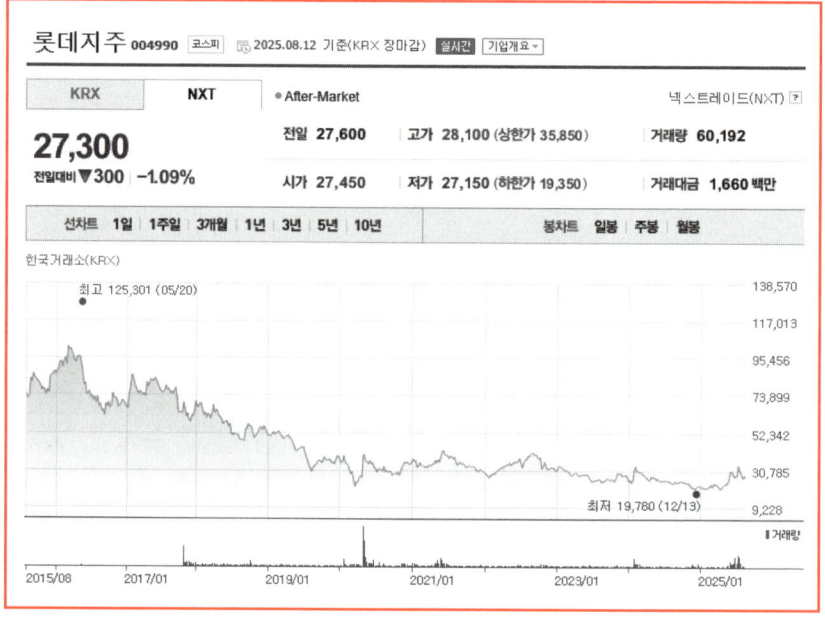

    롯데지주는 롯데그룹의 지주회사로, 롯데쇼핑, 롯데케미칼, 롯데칠성음료, 롯데웰푸드 등 50여 개의 자회사를 두고 있다. 직접 사업을 하는 것이 아니라, 자회사를 관리하고 투자하면서 수익을 내는 구조다. 롯데그룹의 사업군을 보면 식품 부문에는 롯데칠성음료, 롯데웰푸드가 있고, 유통 부문에는 롯데쇼핑(롯데마트, 롯데백화점, 롯데하이마트), 롯데컬처웍스(롯데시네마)가 있다. 화학과 건설 쪽에는 롯데케미칼, 롯데건설, 롯데알루미늄이 있으며, 관광·금융 부문으로는 호텔롯데(롯데호텔, 롯데면세점)와 롯데캐피탈이 있다.

롯데지주는 대표적인 저 PBR 기업으로 꼽힌다. 현재 PBR은 0.33배 수준으로 매우 낮은 편이어서 기업 가치 제고 여력이 크다고 평가된다. 주가는 2025년 4월 2만 원이던 것이 7월에 3.6만 원까지 올랐다가 지금은 2.8만 원대에 머물러 있다. 목표 주가를 4.7만 원까지 보는 곳도 있고, 그 이상을 제시하는 증권사들도 있다. 2024년 11월에는 주주환원 정책을 발표하면서, 2026년까지 주주환원률 35% 이상을 달성하겠다고 했고, 2024~2026년 연간 배당금으로 최소 3,500원을 유지하겠다고도 했다.

자사주를 많이 보유한 롯데지주 주가가 최근 가파르게 상승했다. 민주당이 '자사주소각 의무화' 법안을 발의하면서 기업가치 재평가에 대한 기대감에 오른 것이다. 자사주 보유 10% 초과분에 대해 소각하는 것으로 추진하고 있어, 롯데지주 입장에서는 고민을 하고 있다. 최근에 자사주를 소각했고, 추가로 더 처분할 예정이지만, 여전히 보유 자사주가 많기 때문이다.

그래서 법안 통과 전까지 자사주를 많이 보유한 롯데지주가 주가 상승 가능성이 크다. 롯데지주의 자사주 보유 비중은 33%였으나, 2025년 6월 26일, 지분율 5%에 해당하는 주식을 롯데물산에 매각하면서 27.5%로 낮아졌다. 그럼에도 여전히 높은 수치다. 따라서 자사주 추가 매각이나 일부 소각이 이어질 가능성이 크며, 그럴 경우 롯데지주의 주가는 한층 더 상승 여력을 가질 것이다. 투자자 입장에서는 주가 상승과 배당수익 모두 기대할 만하다.

물론 긍정적인 요인만 있는 것은 아니다. 롯데케미칼과 롯데건설의 부진은 마이너스 요인으로 작용할 수 있다. 롯데케미칼은 석유화학 산업 특성상 매출 규모가 크고, 업황에 따라 매출, 영업이익, 당기순이익에 직접적인 영향을 미친다. 최근 글로벌 경기 침체와 공급 과잉으로 업황이 침체되어, 단기간 내 반등은 쉽지 않아 보인다. 롯데건설 역시 주택 시장 불확실성과 원자재 가격 상승 탓에 수익성 악화가 불가피하다. 이 때문에 롯데지주의 주가에는 리스크 요인으로 작용할 수 있음을 반드시 염두에 두어야 한다.

지주사
영원무역홀딩스

영원무역홀딩스는 2024년 8월 주가가 7.6만 원이었는데, 2025년 7월에는 13~14만 원대를 보인다. 노스페이스로 잘 알려진 영원무역은 오너 일가 체제로 운영되면서 주주들에게 원성을 많이 샀다. 안정적인 실적을 내고 있었지만, 배당도 제대로 하지 않고 주주 소통도 없어서 불만을 토로하는 주주들이 적지 않았다. 그런데 그런 영원무역홀딩스의 주가가 최근 급등했고, 자연스레 사람들의 관심이 집중되고 있다.

영원무역홀딩스의 주가는 자회사인 영원무역의 실적 개선에 크게 좌우된다. 영원무역의 핵심은 의류 제조 OEM 사업인데, 2024년부터 업황이 개선되기 시작했고, 2025년에는 본격적인 성장을 보일 거라고 한다. 그래서 주가에도 더욱 긍정적인 영향을 줄 것으로 보인다. 2025년 매출은 3.7~3.8조 원으로 전년 대비 7~9% 성장, 2025년 영업이익도 3,700~4,300억 원으로 전년 대비 18~36% 성장이 전망된다.

영원무역의 배당 성향은 2022년 10%, 2023년 11%, 2024년에 14% 수준이었다. 배당 성향이 높다고는 할 수 없는 수치였다. 이때까지 성 회장과 특수관계인 지분율이 50%를 넘으면서, 일반 주주보다 오너 일가의 이해관계에 치중한 운영을 해왔다. 영원무역그룹 계열 지배구조는 YMSA(29.09%)→홀딩스(50.52%·59.3%)→아웃도어·스포츠 의류 OEM(주문자상표부착생산) ㈜영원무역, 미국 아웃도어 '노스페이스' 한국총판 영원아웃도어로 이어지는 출자 구조를 가지고 있다.

이때까지는 실적보다 회사의 구조가 주가를 가로막고 있었다고 한다. 그런데 2025년 3월, 중장기 주주환원 정책을 발표하면서 별도 재무제표 기준 당기순이익의 50% 내외를 주주에게 환원하겠다고 밝혔다. 이는 기존의 '연결 기준 배당 성향 10%대'보다는 훨씬 늘어난 수치다. 5개 년 주주환원 정책을 공시한 것으로, 적어도 2025~2029년까지는 꾸준히 주주들에게 돌려주겠다는 의지라고 볼 수 있다. 지난 5년 동안 배당 성향이 꾸준히 높아져왔다는 점도 눈여겨볼 만하다. 2025년 5월에는 137억 원 규모의 자사주를 소각했는데, 이는 유통 주식 수를 줄여 주당 가치를 높이는 효과를 가져왔다.

  앞으로는 상법 개정 이후 기업의 체질에도 변화가 있을 듯하다. 그러한 변화를 지켜보는 것이 투자자들에게 새로운 기회가 될 수 있다. 2020년 주당 1,200원이던 배당은 2024년에 5,350원까지 늘었고, 시가 배당률도 6.4%까지 올랐다. 당기순이익의 50%를 환원하겠다고 한 만큼, 앞으로 배당금은 더 늘어날 가능성이 크다. 또한 감액 배당을 추진할 수 있는 사전 작업도 진행 중인데, 감액 배당은 전년도 자본준비금을 줄여 주주에게 돌려주는 방식으로, 배당소득세를 내지 않아도 되는 비과세 배당이라고 한다. 이 또한 주주들에게는 이득으로 작용할 것이다. 이러한 모습들은 투자에 더욱 매력적인 요인으로 보인다.

지주사
삼성물산

　사실상 삼성그룹의 지주사 역할을 삼성물산이 하고 있다. 삼성그룹 지배구조의 최상단에 있고, 삼성바이오로직스의 지분 43%를 삼성물산이 갖고 있다. 삼성바이오로직스는 글로벌 바이오 산업의 성장에 힘입어 꾸준한 성장이 예상되며, 이는 곧 삼성물산의 기업 가치를 끌어올리는 요인이 된다. 삼성물산은 루마니아 소형모듈원전(SMR) 사업에 참여하고 있으며, 에스토니아와 스웨덴 등 유럽의 SMR 사업도 추진하고 있다. 또한 '래미안' 브랜드로 재건축·재개발 분야에서 선두를 유지하고 있으며, 2025년 상반기까지 수주액이 5조 원을 넘어섰다고 한다.

삼성물산의 2025년 7월 주가는 16~18만 원대, 시총은 27~28조 원이다. 상법 개정안 추진, 주주환원 정책 강화, 행동주의 펀드 유입 등으로 삼성물산의 주가도 지금보다 더 오를 것이라는 기대감이 커지고 있다. 목표 주가를 22만 원까지 보고 있는 곳도 있다. 2025년 4월만 해도 주가가 11만 원이었는데, 몇 달 사이에 6~7만 원이 올라 60% 이상 급등했다. 그럼에도 불구하고 다른 지주사들에 비해 상대적으로 덜 올랐다는 평가도 있어, 여전히 관심을 둘 만하다.

2025년 매출은 삼성물산의 연결 매출액 기준 41.5~41.6조 원으로 전년 대비 소폭 감소 전망이다. 건설 부문의 매출 감소 때문으로 보인다. 물론, 삼성바이오로직스의 꾸준한 매출이 건설의 부진을 상쇄할 거라는 이야기도 있다. 2025년의 매출은 줄어도, 영업이익은 3~3.2조 원으로 2024년 3조 원보다는 소폭 증가할 것으로 보인다. 삼성바이오로직스에 거는 기대가 큰 것으로 추정된다.

앞으로 상법 개정 이후 삼성물산에도 변화가 있을 수밖에 없다. 삼성물산은 이재용 회장 등 오너 일가가 대량의 지분을 보유하고 있고, 이에 따라 소액 주주 보호와 주주환원 정책 요구에 부응해서 실행 중이다. 2026년까지 보유 자사주 전량 소각하고, 관계사 배당수익의 70%를 재원으로 배당정책을 유지하는 등, 주주 친화적인 정책을 강화하고 있다.

그리고 2025년 말이나 2026년 초에 새로운 중장기 주주환원 정책을 발표할 것으로 추정하고 있다. 현재의 3개 년 주주환원 정책이 2025년에 종료되기 때문이다.

새로운 중장기 주주환원 정책에는 배당을 더 늘리겠다는 이야기와 추가적인 자사주 매입 및 소각 이야기도 들어갈 것으로 전망된다. 그렇게 되면, 주가 상승에 더욱 이로울 것으로 보인다. 결국, 아주 많이 급등할지 소폭 상승할지는 모르나, 적어도 지금보다는 좀 더 나아질 가능성이 크다. 그러므로, 2025년 말, 2026년에도 여전히 투자하기에 적합한 종목이라고 평가할 수 있겠다.

지주사
동원산업

　동원산업은 동원그룹의 지주사이자 사업형 지주회사다. 수산, 식품, 포장, 물류 등 다양한 사업을 하고 있으며, 최근에는 동원F&B를 100% 자회사로 편입하면서 글로벌 식품 사업을 강화하려는 움직임을 보인다. 수산 부문에서는 세계 최대 규모의 참치 선망 선단을 운영하며 원양

어업을 선도하고 있다. 식품 부문에서는 동원F&B가 대표 계열사로, 동원 참치와 동원 양반김이 주력 상품이다. 포장은 동원시스템즈가 담당하고, 물류 부문에서는 동원로엑스를 통해 3PL, 수송, 항만하역, 보관, 국제물류 등 종합 물류 서비스를 운영한다.

동원F&B를 상장폐지하고 동원산업의 100% 자회사로 편입한 뒤 경영 효율화를 추구한다는 입장이다. 동원F&B 외에도 동원홈푸드, 미국의 스타키스트, 세네갈의 스카사 등을 함께 운영하며, 해외 매출 비중을 현재의 22%에서 40%까지 끌어올리겠다는 계획이다. 물론 40% 달성은 당장이 아니라 2030년까지의 목표다. 이를 위해 글로벌 식품 회사 인수도 검토하고 있으며, 각 계열사가 얼마나 유기적으로 협업하는지가 관건이 될 것이다.

동원산업은 2024년 매출 8.9조, 영업이익은 5,039억 원이다. 2025년에는 매출 9.3~9.8조 원, 영업이익은 5,500~5,720억 원으로 전년 대비 10~14%의 성장이 전망된다. 전 부문의 고른 성장이 가능할 것 같다. 또한 어가 회복에 따른 마진 개선 효과도 있다. 동원F&B의 동원산업 100% 자회사 편입은 지배주주 순이익 증가에 긍정적인 영향을 미칠 것으로 보고 있다.

동원산업과 동원F&B가 동시에 상장되어 있던 중복 상장 구조를 해소하고 지배구조를 단순화해 투명성을 높이겠다는 것도 이번 조치의 목적이다. 계열사에 흩어져 있던 식품 연구개발 조직을 '글로벌 R&D 센터'로 통합해 연구개발 역량을 집중하고 효율성을 높이려 한다. 매출액 대비 연구개발비 비중도 2030년까지 1%대로, 기존의 3배 이상으로 늘릴 계획이다. 이는 제품 개발에 긍정적인 영향을 줄 수 있다.

물론 리스크도 존재한다. 식품 산업 특성상 원자재 가격 변동이 동원산업의 수익에 악영향을 줄 수 있다. 또한 소비자들의 수요 변화에 대해 발 빠르게 신상품으로 대응하는 능력이 부족한 게 사실이다. 동원F&B 식품 중 참치와 양반김을 제외한 상품 중 시장을 선도하는 상품이 잘 떠오르지 않는 게 현실이다. 동원시스템즈의 이차전지 사업 진출 역시 그다지 성공적이지 않을 것이라는 우려가 있다. 이러한 불안 요소들 또한 투자 시 고려해야 할 부분이다.

독점주를
사야 하는 이유

독점주는 특정 산업에서 독보적인 지위를 차지하고 있기 때문에 안정적인 수익을 거둘 수 있다. 이미 충성 고객을 확보하고 있어 신규 경쟁자가 시장에 진입한다 해도, 독보적 자리를 넘어서기는 쉽지 않다. 독점 상품을 무너뜨리거나 대체하는 것은 결코 간단한 일이 아니다. 시장에서의 규율이 높다는 것은 사람들이 이미 익숙해져 있고, 웬만해서는 다른 제품으로 갈아타지 않는다는 의미다. 브랜드 경쟁력과 시장 지배력을 동시에 갖췄기 때문에 불황에도 안정적인 매출을 유지할 수 있다. 이러한 강점이 있는 독점 주식에 관심을 갖는 게 좋다.

강력한 브랜드는 그 인지도만으로도 고객을 끌고 다닌다. 예를 들어, 만두 시장에서 비비고는 압도적 1등이다. 소비자들의 머릿속에는 '만두는 비비고'라는 인식이 자리 잡고 있어, 특별한 변수가 없는 한 다른 브랜드로 쉽게 바꾸지 않는다. 동서의 맥심 커피 역시 마찬가지다. 커피믹스를 마시는 사람 중 상당수는 습관처럼 동서 커피를 찾고, 다른 브랜드로 갈아탈 가능성은 매우 낮다. 이처럼 큰 문제만 만들지 않는다면, 평생 고객을 확보한 것이나 다름없다.

실제로 동서식품은 국내 커피 시장에서 독보적 지위를 지키고 있다. 단순히 점유율이 높은 수준이 아니라, 독점적 경쟁 우위를 확보한 상태다. 커피믹스 시장 점유율은 80%를 훌쩍 넘고, 닐슨코리아 조사에 따르면 84~85%에 달한다. 인스턴트 커피 시장 점유율도 78%를 상회한다. 오랜 역사와 전통, 전국적인 유통망, 뛰어난 기술력, 꾸준한 마케팅이 브랜드 가치를 높였고, 소비자에게 친숙하게 다가가며 부동의 1위를 유지할 수 있었다.

대한항공도 아시아나를 인수해 독보적인 지위를 갖게 된다. 앞으로 대한항공의 항공권 가격 결정권은 매출과 이익에 직결된다. 항공 시장에서 대한항공을 배제하고 이야기할 수 없을 것이다. 항공기가 곧 대한항공이고, 대한항공이 국내 항공 시장을 좌지우지하게 된다. 당장은 통폐합하면서 비용이 들 수 있고, 효율 추구에 시간이 걸릴 수 있다. 그러나 어느 시점이 지나면 수익 개선은 가능할 것이다.

그러므로, 독점적 지위를 가진 기업에 대해서는 꼭 눈여겨봐야 한다. 안정적인 수익을 기대할 수 있고, 신규 경쟁자들에게 쉽게 자리를 내주지 않는 기업이기에, 주가의 급등락이 있지는 않을 것이다. 그만큼 기업의 실적도 탄탄할 것이다. 시장을 주도하는 상황이어서, 자신감도 높을 것이다. 쉽게 흔들리지 않는 입지만큼이나, 주식 투자에 장기적인 관점으로 접근하면 충분히 보상을 받을 수 있을 것 같다. 그러므로 산업별로 독점적 입지를 가진 기업들을 눈여겨보는 것이 바람직하다.

7-2 독점주
동서

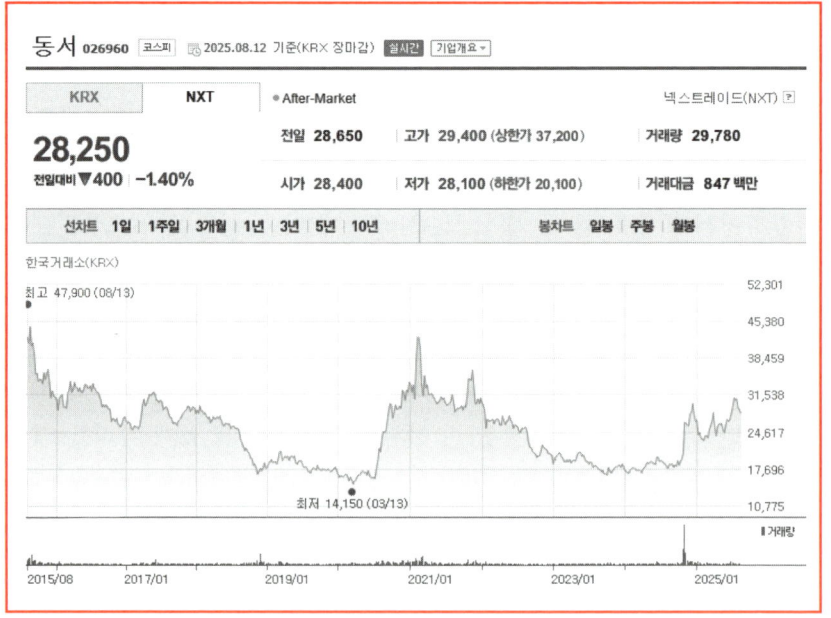

동서는 맥심과 카누를 보유한 동서식품을 계열사로 두고 있는, 사실상 동서그룹의 지주사격 회사다. 2024년 8월 1.7만 원대였던 동서 주가는 2025년 7월에 3.2만 원대까지 치솟았다가 현재는 주춤한 흐름을 보인다. 동서는 국내 커피시장에서 독보적인 1등 기업이다. 맥심과 카누는 이제 '국민 커피' 브랜드로 자리 잡았다. 영업이익률도 8~9%대에 이를 정도로 높고, 부채비율은 4%대로 매우 낮다. 자회사 동서식품은 커피믹스와 원두커피 시장에서 80% 이상의 점유율을 갖고 있다.

2025년 5월 말 동서식품은 주요 제품 출고가를 7.7% 인상했다. 환율 상승으로 인한 원가 부담을 반영한 것이다. 불과 작년 11월에도 8.9% 가격을 올린 바 있다. 2024년 배당은 주당 780원이었고, 시가 배당률이 4%를 넘었다. 이런 상황에서 동서식품의 현금 보유고는 계속 늘어나고 있다. 현재 보유 현금만 8,000억 원 이상이며, 무차입 경영을 하고 있어 배당 외에는 재무 활동 현금흐름으로 빠져나가는 돈이 거의 없다. 매년 수백억 원씩 현금이 쌓이고 있는 셈이다.

동서식품은 동서와 글로벌 식품 대기업 몬델리즈가 지분을 50%씩 보유하고 있다. 중요한 의사결정은 양측의 합의로 진행된다. 몬델리즈가 해외 판권을 쥐고 있어 동서식품은 직접 수출을 하지 않는다. 다만, 최근 몬델리즈가 커피 관련 사업을 정리하는 움직임을 보여 동서에 어떤 영향을 줄지 주목할 필요가 있다. 한때 동서식품이 해외 수출을 시작할 것이라는 기대감에 주가가 4만 원대까지 급등하기도 했다. 직접 수출은 하지 않더라도, 한국을 방문하는 외국인 관광객들이 대량으로 믹스 커피를 사가는 경우가 적지 않다는 점도 눈여겨볼 만하다.

동서식품은 무차입 경영을 하고 있어 금리의 영향을 거의 받지 않는다. 그래서 더욱 탄탄한 경영이 가능하다. 또한 환율 때문에 원가가 오르면 판매가에 반영해, 환율 악재를 해소시킨다. 또한 원자재 가격이 낮아지면, 이익이 좋아지고, 원자재값이 오르면 어느 시점에 판매가에 적용시킨다. 그래서 매출과 이익이 안정적으로 유지된다. 쉽게 흔들리지 않는 기업이기에 눈여겨봐도 될 것 같다.

무엇보다 고객 입장에서 한번 맛을 본 믹스커피를 끊기란, 담배 끊는 것보다 더 어렵다. 한번 고객이 된 이상, 평생 소비자로 산다고 볼 수 있다. 그래서 동서의 실적이 드라마틱하게 늘어나기는 어려울 수 있어도, 매출이 급감하고 반 토막 나는 일은 없을 듯하다. '중소 기업 사무실에 동서 믹스커피가 없는 곳이 있나?' 싶을 정도로 매우 안정적인 구매자들이 많다. 이것만 봐도, 동서의 주주가 될 법한 이유가 되지 않겠는가.

독점주
KT&G

    KT&G는 담배와 홍삼 등을 판매하는 준공기업으로, 국내 담배 시장에서 독보적인 지위를 차지하고 있다. 국내 담배 시장 점유율은 약 65%에 달하며, 궐련 담배 시장에서는 절대적 1위다. 또한 궐련형 전자담배 시장에서도 46%의 점유율을 확보하고 있다.

2025년 2분기 매출은 1.5조 원, 영업이익은 3,488억 원으로 전년 대비 각각 8.6%, 8.3% 증가했다. 2025년 7월 기준 주가는 13.5만 원대이며, 증권사 목표 주가는 15~17만 원이다. 2025년 3월 주가가 9만 원 중반대였던 것과 비교하면 불과 몇 달 만에 38% 이상 오른 셈이다. 기관 투자자들의 적극적인 매수와 해외 궐련 사업 성장세가 상승을 이끌었다.

배당 활성화가 있을 거라는 기대감에 주가가 오르는 것 같다. 상법 개정과 배당소득 분리과세 도입으로 인한 혜택을 받을 수 있으리라 예상된다. KT&G는 이미 배당 성향이 50%를 넘기고 있는데, 배당 성향 35% 이상 되는 기업들에게 배당소득 분리과세가 적용되게 해주고 있어, KT&G는 이미 조건 충족이다. 2024년에 발행 주식 총수의 6.3%에 해당되는 자사주를 소각했다. 2025년에도 2.5%의 자사주를 소각했다. 비핵심 자산 매각도 같이 진행 중이다.

또한, 상법 개정으로 인한 담뱃값 인상 기대감이 있다. 주주가 주가 가격 인상 압박하게 되면, 매수세가 늘어날 것으로 보인다. 담배 가격은 2015년 1월 이후 10년 넘게 동결 상태다. 그전까지는 1994년, 2001년, 2005년, 2015년 총 4차례 인상이 있었다. 현재 국내 담뱃값은 4,500원으로, OECD 평균인 8,000원에 비하면 여전히 낮다. 따라서 향후 가격 인상 가능성이 크다. 단기적으로는 판매량 둔화가 있겠지만, 장기적으로는 수익성이 크게 개선될 수밖에 없다. 급격히 8,000원까지 올리기는 어렵겠지만, 5,000원, 6,000원, 7,000원 순차 인상은 충분히 예상 가능한 시나리오다.

다만, 2025년 들어 주가가 빠르게 급등하면서 배당수익률은 5%대에서 3% 후반대로 낮아졌다. 그러나 향후 배당금 규모 자체가 늘어날 여지가 있어 여전히 배당 매력은 유효하다.

KT&G의 담배는 경기 불황에 더 잘 팔리는 제품이다. 경기가 안 좋아도 중독성이 있기에 소비를 줄일 수 없어, 죄악주라고도 불린다. 담배는 강력한 규제를 받고 있다. 그래서 독점적인 지위에서 꾸준한 매출을 낸다. 또한 불황의 시기에 수익성에 목말라하는 투자자들의 기대에 부합하는 배당을 할 수 있어, 더욱 주가 상승이 기대된다. 다만, 몇 달 사이에 주가가 급등한 만큼, 주가 조정 가능성이 있다. 그러므로, 여러 차례 나눠서 매수하는 게 좋을 것 같다.

7-4
독점주
농심

　증권사들이 제시한 농심의 목표 주가는 48~55만 원 수준이다. 반면 2025년 8월 현재 주가는 38~39만 원대에 머물러 있다. 2024년 6월에는 60만 원에 육박했으나, 2025년 4월에는 37만 원대까지 하락했다. 이후 소폭 회복해 현 주가가 형성된 것이다. 따라서 현재 가격은 매수

관점에서 충분히 매력적인 구간으로 판단된다. 농심은 2030년까지 해외 매출 61% 달성과 수익성 2배 확대를 목표로 잡고 있다. 국내 소비심리 둔화와 원가 부담이 주가를 짓누를 수도 있는데, 해외 수출 등으로 타개할 가능성이 크다.

현재 농심은 농심홀딩스가 32.7%, 율촌재단이 4.8%, 신동원 농심 회장의 장남 신상열 전무가 3.3%를 갖고 있다. 농심그룹의 지주회사인 농심홀딩스는 신동원 농심 회장이 43% 지분을 갖고 있고, 삼촌인 신동윤 율촌화학 회장이 13% 갖고 있다. 신상열 전무는 1.4%의 지분을 갖고 있다. 농심홀딩스는 신동원 회장 및 특수관계인(신동윤, 신상열 등)을 포함한 최대 주주 측 지분율이 66.7%다. 오너 일가의 지배구조가 매우 견고하다.

향후 농심홀딩스 주가는 경영권 승계 과정에서 세금 부담 및 지분 매입 재원으로 활용될 가능성이 크다. 2025년 8월 농심홀딩스의 시가총액은 3,640억 원인데, 자회사 농심의 시총이 2.4조 원임에도 불구하고 농심 지분 32.7%를 가진 지주사가 불과 3,000억 원대에 머무는 것은 과도한 저평가라고 볼 수 있다. 일반적으로 지주사는 자회사 가치 대비 저평가되는 경우가 많지만, 농심홀딩스의 현 상황은 유독 심각하다.

농심이 경영권 승계를 유리하게 만들기 위해 의도적으로 주가를 방치한 게 아닌가 하는 의심이 든다. 10년 전만 해도 삼양식품보다 시가총액 기준 10배 이상 높은 우량 종목으로 평가받았는데, 지금은 그 반대가 되었다. 농심이 실질적인 경쟁력 강화를 위한 투자보다 후계 구도 안정화를 위해 의도적으로 대응하지 않을 것으로 보인다. 주가를 낮은 상태로 유지해서 3세 승계 시 세금 부담을 줄이고, 지분 매입 비용을 최소화하려는 듯하다.

PBR이나 PER 등 주요 지표를 봐도 농심은 지속해서 저평가 상태에 머물러 있다. 상법 개정 이후 주주환원 정책을 할 수밖에 없을 것이다. 3세 승계를 위해서라도 더욱 주주 친화적인 모습을 보여야 하기 때문이다. 배당을 늘리고, 자사주 소각하는 등을 실행할 듯싶다. 그러니, 조금씩 매수해도 될 것 같다.

농심뿐만 아니라 농심홀딩스에도 관심을 가져볼 만하다. 농심홀딩스는 농심 실적 개선과 배당 확대 효과를 직접적으로 누리는 지주사다. 현재 PBR이 0.31배로 매우 낮아, 지주사 저평가 해소와 주주가치 제고 노력이 맞물린다면 주가에 긍정적으로 작용할 여지가 크다.

독점주
롯데칠성

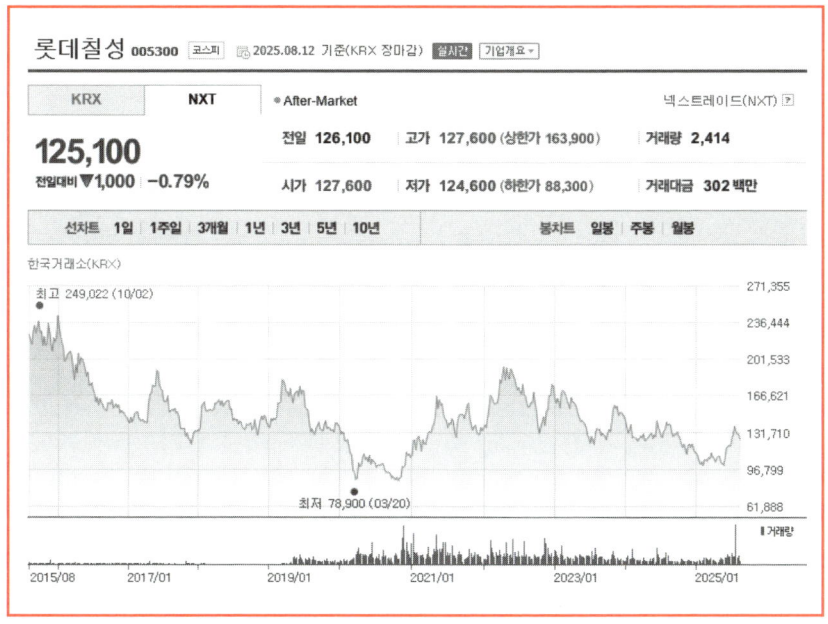

　롯데칠성은 칠성 사이다, 밀키스, 펩시 등 다양한 음료 브랜드를 가진 음료 회사다. 최근에는 제로 칼로리 음료를 밀고 있다. 소주는 '처음처럼'을 가지고 있고, 맥주로는 '클라우드' 브랜드를 보유하고 있다. 최근에는 '새로'라는 브랜드의 소주가 큰 인기를 얻고 있다.

필리핀 펩시에 대한 지분을 2024년에 추가 매입해, 연 매출 1조 원을 달성했다. 이 때문에 롯데칠성은 연 매출 4조 원을 이뤄낼 수 있었다. 2028년까지 매출 5조 원 이상, 해외 매출 비중 45% 달성을 목표로 움직이고 있다. 그런데 지난 수년간 상황은 좋지 못했다. 2022년 2.8조 매출이 2023년 3.2조, 2024년에 4조를 넘겼다. 그런데 영업이익은 2,220억 원에서 1,849억까지 줄어들었다. 매출은 늘었다지만, 이익이 감소했다고 하니, 고민스러운 대목이다. 2025년 2분기 실적은 매출은 1.1조, 영업이익은 532억을 내보였는데, 전년과 비교하면, 매출은 0.5% 감소했고, 영업이익은 11.7% 감소한 수치다. 영업이익은 시장 전망치에 못 미친다고 한다.

경쟁사인 하이트진로, 오비맥주는 상대적으로 선전하고 있다. 하이트진로는 2025년 1분기에 매출은 1.4% 줄었지만, 영업이익은 28.7% 늘었다. 오비맥주도 2024년 매출이 1.7조에 영업이익 3,661억 원이었다. 이는 2023년보다 매출은 12,5%, 영업이익은 55.9% 오른 것이다. 하이트진로는 소주 부문의 선전과 마케팅 비용 축소로 비용 효율화에 성공했다. 맥주 부문은 부진했어도, 소주 부문으로 커버를 했다.

하지만 롯데칠성음료는 매출 비중이 큰 음료 부문에서 원가 부담과 매출 감소의 영향을 크게 받았다. 설탕, 오렌지, 커피 등 주요 원재료 가격이 상승했기 때문이다. 원가 상승분을 판매가에 즉각 반영할 수 없다 보니 수익성이 악화되었고, 제로음료 판매 확대를 위해 판매관리비가 늘어나고 가격 할인 행사까지 확대되면서 영업이익에 추가적인 부담이 되었다.

2025년 2월 롯데칠성 주가는 10만 원 밑으로 내려갔으나 현재는 13만 원 수준이다. 2022년에는 21만 원까지 올랐던 적도 있었다. 2025년 7~8월 여름 폭염으로 빙과·음료 관련주들이 강세를 보이며 롯데칠성 역시 반등했다. 다만 여름 효과가 끝난 이후 다시 주가가 하락할지, 아니면 민생지원금 지급과 원재료 부담 완화로 추가 상승할지는 지켜봐야 한다. 지원금 효과는 롯데칠성뿐만 아니라 하이트진로, 오비맥주에도 공통적으로 나타날 것이기에 상대적인 영향력은 따져볼 필요가 있다. 다만 해외 자회사들의 연간 영업이익이 전년 대비 70% 증가할 것이라는 전망이 나오고 있어, 향후 주가 상승 여지는 충분히 남아 있는 것으로 보인다. 잘 살펴볼 필요가 있겠다.

7-6
독점주
SPC삼립

    SPC삼립은 SPC 그룹의 제빵 전문 식품회사로, 국내 제빵 시장의 1위를 차지하고 있다. 삼립호빵, 크림빵, 크보빵 같은 히트 상품으로 제빵 시장을 주도해왔다. 2023년에는 매출 3.4조, 영업이익 917억 원, 당기순이익 502억 원을 기록했고, 2024년에는 매출 3.4조, 영업이익

992억 원, 당기순이익 897억 원이었다. 2025년에는 매출 3.5조, 영업이익 1,050억 원, 당기순이익 744~865억 원으로 전망되며, 실적은 전년과 비슷한 수준이 될 것으로 보인다. 목표 주가는 8.6만 원으로 제시되기도 했다.

크보빵 등 히트 상품과 해외 시장 확장이라는 호재로 중장기 실적 개선이 기대되지만, 반복되는 안전사고로 인해 투자 심리가 위축되고 있는 것이 사실이다. 실적 자체보다 기업 이미지와 신뢰 훼손이 더 큰 문제로 작용하고 있다. 주가는 2024년 11월 4.3만 원에서 2025년 4월 7만 원 가까이 올랐다가, 7월 현재 5.4~5.7만 원 수준을 보이고 있다. 특히 5월 19일 발생한 사고 이후 주가가 5.1만 원까지 내려갔다가 소폭 반등한 모습이다.

노동자 사망사고에도 불구하고 주가가 다시 반등한 것은 크보빵의 흥행 덕분이었다. 2025년 3월 KBO 리그 개막을 맞아 출시된 크보빵은 큰 호조세를 보였다. 2022년 '포켓몬빵'이 출시 41일 만에 1,000만 봉지를 돌파했던 것처럼, 크보빵 역시 엄청난 매출을 기록할 것으로 예상된다. 2025년 1분기에는 실적 반영이 크지 않았으나, 2분기부터는 본격적으로 반영되어 실적 개선이 두드러질 것이라는 전망이다.

현재 SPC삼립의 시가총액은 5,000억 원이 채 되지 않으며, PBR은 0.9 수준으로 순자산 가치보다 낮게 평가되고 있다. PER 또한 음식료 업종 평균 대비 낮아, 회사의 이익 창출 능력에 비해 주가가 저평가되어 있다고 볼 수 있다. 사업 다각화와 크보빵 같은 히트 상품 효과로 추가적인 주가 상승 여력이 있다는 평가도 나온다. 다만 반복되는 안전사고는 여전히 회사의 가장 큰 리스크다.

상법 개정 이후 SPC삼립 역시 주주환원 정책을 요구받게 될 가능성이 크다. 그 과정에서 주가 상승 여지가 충분히 생길 수 있다. 결국 안전사고 관리가 제대로 이루어진다면, 주가는 다시 고공행진할 수도 있을 것이다. 반복되는 사고와 ESG 리스크로 인해 보수적인 시각이 존재하지만, 새 정부가 SPC삼립을 예의주시하고 있는 만큼 방치되지는 않을 것이다. 오히려 리스크 관리가 강화될 것으로 보인다. 안전사고 리스크가 완전히 해소되기 전까지는 투자를 유보하라는 의견도 있지만, 개인적으로는 지금이야말로 주가가 낮아진 시점이라 조금씩 모아가는 전략이 나아 보인다.

독점주
한국가스공사

　한국가스공사는 국내에 천연가스를 안정적으로 공급하는 공기업으로, 해외에서 액화천연가스를 도입해 전국에 공급하는 역할을 맡고 있다. 2024년에는 매출 38조 원, 영업이익 3조 원, 당기순이익 1.1조 원을 기록하며 큰 폭의 흑자 전환에 성공했다. 2025년에도 순이익 1조 원

달성이 가능할 것이라는 전망이 나온다.

다만, 한국가스공사의 미정산 누적 미수금은 2025년 1분기 기준 14.4조 원에 이른다. 이는 2024년 말 대비 2.8% 줄어든 수치다. 미수금이 커진 이유는 원료비가 가스요금에 제때 반영되지 못했기 때문인데, 정부 정책상 요금 인상이 제한되면서 발생한 것이다. 2025년에 약 5,000억 원, 2026년에 1.2조 원 정도가 회수될 것으로 예상된다.

2025년 8월, 경기도 도시가스 소매요금이 5.8% 인상되었다. 물가 부담을 고려해 인상폭을 최소화했다고 하지만, 향후 인건비와 원료비 부담 등을 감안할 때 추가 인상 가능성도 열어두고 있는 모습이다. 미수금 규모가 워낙 크기 때문에, 이는 재무 건전성과 배당 정책에도 부담이 된다.

한국가스공사의 도시가스 요금은 정부가 통제하는데, 유가 등 국제 에너지 가격 변동이 있는데도 요금 인상을 제때 하지 않으면, 미수금이 쌓이게 되는 구조다. 정부의 요금 현실화 여부는 가스공사의 실적 개선과도 연동된다. 2022년, 2023년에는 미수금이 확대되면서 배당이 없었으나, 2024년 흑자전환 되면서 배당 재개 기대감이 높아지고 있다.

주가는 2024년 9월 5.4만 원에서 2025년 2월 2.9만 원대로 급락했다가, 7월에는 4.5~4.9만 원대의 주가를 보였다. 그러나 8월 들어서는 3.9~4.2만 원대에서 움직이고 있다. 한국가스공사 같은 공기업들이 주주들의 실적 개선 요구에 가스요금을 올릴 명분을 갖게 되는 것 같다. 그래서 2025년 7월 4일 한국가스공사 주가가 8.1% 급등하기도 했다. 다만 새 정부 입장에서도 요금을 계속 올리는 건 부담이다. 그렇다고 공기업 적자를 세금으로 메우는 것도 한계가 있기에, 결국 요금 인상은 꾸준히 현실화될 가능성이 크다. 또한 저유가 같은 해외 에너지 시장 상황 변화도 주가 개선에 도움이 될 수 있다.

지금 주가에서 앞으로 더 오를 것이라고 보기보다는, 주가 약세가 심해질 때마다 사들이는 형태로 가는 게 좋겠다. 현재의 4.0~4.2만 원대 가격은 상법 개정에 따른 기대감으로 오른 것으로 보이니, 앞으로 주가 하락이 있을 수도 있다. 정부 정책에 따라 불확실성이 더욱 커질 수 있다. 또한 경기 둔화 등으로 산업용 가스 수요가 줄어들어 매출이 감소할 수도 있다. 그러므로, 실적 추이를 보면서 주가 약세가 있을 때마다 조금씩 담아가는 형태가 좋을 듯하다. 한국가스공사는 정부 의도에 따라 주가 변동성이 클 수밖에 없는 기업이기 때문이다.

독점주
매일유업

　　매일유업은 국내 유제품 시장의 주요 기업 중 하나로, 우유, 발효유, 분유 등 다양한 유제품과 커피, 영양식 등을 생산·판매하고 있다. 최근 저출산과 유제품 소비 감소로 고전하고 있는 상황이다. 매일우유, 앱솔루트 등의 브랜드를 보유하고 있으며, 출산율 저하에 대응하기 위해 다른 시장 영역에도 신경을 쓰고 있다. 그중 하나가 고령화 사회에 대비해 출시한 성인 영양식 '셀렉스'로, 시간이 지날수록 새로운 성장 동력이 될 것으로 기대된다. 또한 카페 프랜차이즈 '폴바셋'도 안정적인 성장세를 이어가고 있다.

매일유업은 비교적 안정적인 배당을 유지해 배당 투자자들에게 매력적이다. 현재 PBR은 0.5로 매우 낮은 수준이며, 업종 대비 낮은 밸류에이션을 보이고 있다. 2025년 8월 주가는 3.6~3.9만 원을 기록했는데, 장기적인 관점에서는 저가 구간으로 판단된다. 2025년 2월에는 3.1만 원대까지 내려갔고, 2024년 7월에는 4만 원까지 올랐었다. 2022년 8월에는 6.2만 원까지 치솟은 적도 있었다.

매일유업은 유가공 산업 비중이 크기 때문에 상대적으로 저평가받고 있다. 내수 시장의 한계가 분명해 해외 시장 진출을 시도하고 있으나, 기대만큼 성과가 나오지 않아 고전 중이다. 해외 매출 비중은 5%에 불과하고, 그중에서도 중국이 90% 이상을 차지한다. 결국 해외 실적 개선이 향후 관건이다. 다만 2025년 4월에 51종의 주요 제품 판매가를 8.9% 인상했으며, 그 효과가 하반기부터 본격적으로 나타날 것으로 예상된다.

현재 매일유업은 김정완 회장 체제 아래 전문경영인이 부회장으로 대표이사를 맡아 운영 중이다. 김오영 전무가 김 회장의 장남이지만, 매일유업 지분은 0.01%에 불과하다. 따라서 향후 경영권 승계를 위해 지분 확보가 필수적이다. 부친으로부터 지분을 상속받을 때 상속세를 어떻게 마련할 것인지, 계열사 지분을 어떻게 활용할지가 중요한 과제가 될 것이다.

　무엇보다 상법 개정 이후에는 일반 주주들에게 피해를 끼치며 오너 일가의 이익만 추구하는 방식은 어렵게 될 전망이다. 따라서 향후 주가 상승, 배당 증가 등 주주 친화적인 정책이 불가피해 보인다. 아직까지는 주주환원 정책이 부족하다는 평가가 많고, 주주들은 경영진에게 주가 상승을 위한 노력을 요구하고 있다. 결국 당장은 아니더라도, 어느 시점에서는 주주들의 기대에 부응하는 모습을 보여줄 수밖에 없을 것이다. 따라서 매일유업 주식 역시 관심을 두고 지켜볼 만하다.

독점주
진로발효

　진로발효는 1985년에 설립된 기업으로, 국내 주정(에탄올) 시장에서 제한적인 경쟁 구도 속에 안정적인 입지를 확보하고 있다. 대주주는 서태선 외 3인으로, 지분율은 65.6%에 달한다. 대주주 일가의 지분율이 매우 높아 안정적인 경영권을 유지하고 있으며, 동시에 소액 주주들에게는 소홀할 수 있다는 우려도 있다. 앞으로 어떤 방향성을 보일지는 지켜봐야 한다. 국내 주정 시장은 약 10개의 업체가 과점 체제를 형성하고 있으며, 진로발효는 국내 9개 주정사 중 2번째 규모의 생산 설비를 보유하고 있다. 시장 점유율은 16.5%로 업계 2위다.

2024년 실적은 매출 986억 원, 영업이익 110억 원, 당기순이익 102억 원이었다. 부채비율은 9.55%, 자기자본비율은 91%로, 매우 우량한 재무구조를 갖추고 있다. 소주의 주원료로 사용되는 주정 생산량은 대한주정판매의 지분율에 따라 배정되기 때문에 업체 간 가격 경쟁은 거의 없다. 진로발효 매출의 87%가 주정 제조 및 판매에서 발생하며, 안정적인 매출과 이익을 확보할 수 있는 구조다. 다만 원재료인 곡물 가격과 환율 변동에 따른 원가 부담이 수익성에 중요한 변수로 작용한다.

2022년과 2023년에 주정 가격이 인상되면서 소주 가격도 함께 올라 단기적으로 수익성에는 큰 타격이 없었다. 그러나 국내 소주 시장이 성숙기에 접어든 데다, 하이볼이나 저도수 주류의 확산은 기존 소주 제품의 매출을 위협하고 있다. 현재 시가 배당률은 5.7%(2025년 8월 기준)이며, 안정적인 현금 흐름을 바탕으로 주주환원 정책을 지속할 전망이다. 실제로 2024~2026년까지 3년간 매년 연결 기준 조정 당기순이익의 25% 이상 규모로 주주환원 시행을 발표했다.

진로발효는 2025년 7월 14일 52주 신고가를 기록하며 주가가 2만 원을 돌파했다. 이후 소폭 조정되어 현재는 1.9만 원대를 보인다. 지난 52주 최고가 2만 원, 최저가 1.5만 원 사이를 보였다. 안정적인 투자 종목으로 인식되면서 최근 몇 달 사이 상승세를 보였고, 시장이 진로발효의 안정성과 수익성을 인정해준 결과로 볼 수 있다. 주정산업은 국세청 면허가 필요하고, 초기 투자 비용이 크며, 사실상 신규 진입이 불가능한 구조라 높은 진입장벽을 갖는다.

다만 주정 시장 자체가 성숙 시장이기 때문에 매출이 급격히 늘어나기는 어렵다. 동시에 매출이 급락하거나 이익이 급감하는 일도 드물다. 따라서 꾸준한 배당을 받으며 장기적으로 보유하기 적합한 종목이라고 할 수 있다. 안정적인 사업 구조와 실적을 기반으로 하지만, 반대로 성장성은 낮다고 평가할 수 있다. 주가 상승 폭은 크지 않을 것으로 예상되며, 배당 목적의 투자로 접근하는 것이 적절하다. 주가가 2만 원 이하에서 매수해 연 1,100원 이상의 배당을 받는다면 충분히 매력적인 투자라고 볼 수 있다.

7-10 독점주
고려아연

　고려아연은 비철금속 제련 사업을 기반으로 하는 대표적인 기업으로, 세계 1위 비철금속 기업이라고 불린다. 무려 101분기 연속 영업이익 흑자를 기록할 정도로 안정적인 수익을 내고 있다. 2025년 실적은 매출 13~14조, 영업이익은 1조~1조 1억 원으로 전망된다. 이는 2024년 매출 12조 828억 원, 영업이익 7,361억 원과 비교하면 뚜렷한 개선이다. 꾸준히 흑자를 내는 기업으로 시장의 평가는 나쁘지 않다.

최근에 영풍과의 경영권 분쟁 이후 주가가 큰 폭으로 오르내리는 일이 있었다. 경영권 분쟁은 장기적으로 기업 지배구조 개선 및 주주환원 정책이 확대될 가능성을 갖고 있기에 나쁜 소식은 아닌 듯하다. 현재 주가는 2025년 8월 76~80만 원대 사이를 보이고 있는데, 하락과 상승을 가늠하기 어려운 종목이다. 지난 1년 사이에 2024년 12월 240만 원까지 올랐고, 지금 80만 원이라고 봐도, 2024년 8월 44만 원과 비교하면 주가가 거의 2배 수준이다.

경영권 분쟁은 단기간에 해소될 문제가 아니다. 각종 법원 판결이나 지분 변동 소식이 나올 때마다 주가는 큰 변동성을 보일 수 있다. 분쟁 당사자들 역시 주주들의 지지를 얻기 위해 주주환원 정책을 강화할 가능성이 크다. 이는 주가에 긍정적인 영향을 줄 수 있다.

그러나 급등한 주가는 분쟁이 끝나면 다시 급락할 위험이 크다. 따라서 단기 급등 시점에 무턱대고 들어가는 것은 매우 위험하다. 장기적으로는 독점주로서 충분히 매력적이지만, 현재와 같은 급등락 상황에서는 매수 타이밍으로 적절하지 않다. 조금 더 시간을 두고 지켜본 뒤, 주가가 어느 정도 안정된 국면에서 접근하는 것이 바람직하다.

중장기적으로 볼 때는 신사업의 성과가 두드러지게 되면, 주가에 긍정적일 수밖에 없다. 이차전지 소재(니켈, 동박 등) 사업, 신재생에너지 및 그린수소, 자원순환 사업이 매출과 이익에 기여하며 새로운 성장 동력이 될 것 같다. 또한, 미·중 갈등으로 인한 전략 광물의 가치가 높아지게 되면, 고려아연의 독보적인 희소금속 추출 기술이 더욱 빛을 볼 것 같다. 아연, 연 등 기초금속의 견조한 수요와 금, 은 등 귀금속 가격 강세가 본업의 안정적인 수익을 뒷받침해준다고 한다. 그러니 긴 호흡으로 들여다보고, 주주가 되어보는 게 좋겠다.

낙폭과대주, 한물갔다 싶지만,
다시 들여다봐야 하는 주식들

과도하게 낙폭을 보인 주식은 시간이 지나면 어느 순간 다시 스멀스멀 올라가기 마련이다. 그러므로 기다리고 또 기다리는 자세가 필요하다. 물론 그 기다림은 결코 쉽지 않다. 엄청난 인내심이 요구되고, 때로는 버티는 일 자체가 큰 고통이 되기도 한다.

그렇기에 우리는 '주식 투자는 머리로 돈을 버는 것이 아니라, 엉덩이로 버는 것이다'라는 말을 기억해야 한다. 무슨 뜻인지 곱씹어보면 답이 보인다. 도대체 언제 오르느냐며 조바심 내는 이들로 가득한 시장에서, 묵묵히 낙폭과대주를 사서 다시 오를 때까지 묵묵히 버틸 줄 아는 사람. 결국 그런 이가 주식의 고수다.

주식 시장은 인내심을 가진 사람이 인내심이 부족한 사람의 돈을 가져가는 곳이다. 기다림은 쉽지 않지만, 그 기다림을 견뎌낸 소수는 아주 큰 보상을 얻는다. 스스로 냉정히 따져봐야 한다. 내가 얼마나 오래 기다릴 수 있는지, 어느 누구보다 오래 버틸 수 있는 사람인지. 만약 그렇다고 판단된다면 낙폭과대주에 관심을 갖는 것이 옳다.

낙폭과대주는 주식 시장에서 과도하게 하락한 종목을 말한다. 예컨대, 동○ 주식은 한때 '씨리얼에서 벌레가 나왔다'라는 소식에 주가가 곤두박질쳤다. 그러나 시간이 지나고 사람들의 기억에서 잊히자, 언제 그랬냐는 듯 다시 회복했다. 일시적인 이슈일 뿐이라 판단했기 때문이다. 그래서 주가가 되돌아온 것이다.

물론 낙폭과대주라고 해서 무조건 매수하면 안 된다. 실제 매출이나 이익이 유지되는지, 지금 주가가 정말 저평가인지 반드시 확인해야 한다. 더 떨어질 수 있으므로 한 번에 매수하기보다는 여러 차례 나눠 사는 게 좋다. 또한 하락의 이유를 정확히 파악해야 한다. 지금은 당장의 실적에 영향이 없더라도, 시간이 지날수록 큰 위기가 될 소지가 있다고 하면, 그 주식은 사지 말아야 한다.

사라져버릴 기업의 주식을 사면 백전백패이고, 영원히 없어지지 않을 기업의 주식을 사놓으면, 언젠가는 빛을 본다고 생각한다. 기다림이 길수록 나중에 보상은 더 크다. 극소수의 고수들이 아주 좋아하는 투자 방식이다. 그 고수들이 왜 낙폭과대주에 관심을 갖겠는가? 언젠가는 엄청난 수익이 돌아온다는 확신이 있기 때문이다. 뻔하다고 생각하지만, 실천하기는 정말 쉽지 않은 방법인 건 분명하다. 그런 만큼 수익은 적지 않을 것이다.

낙폭과대주
한샘

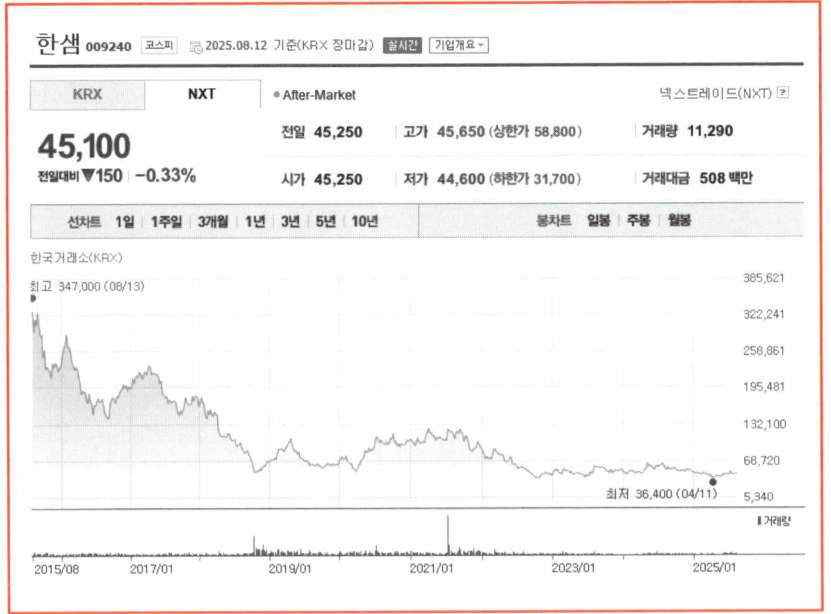

한샘은 2024년 1분기 흑자 전환에 성공한 이후 4분기 연속 흑자를 기록하고 있다. 2025년 예상 매출액은 1.9조 원, 영업이익은 417억 원으로, 매출은 전년과 비슷하나 영업이익은 33% 이상 증가할 전망이다. 주가는 2025년 8월 4.4~5.2만 원대를 오가고 있으며, 저점은 4월의

3.6만 원이었다. 당장 실적이 급등하거나 주가가 폭등할 가능성은 낮아 보이지만, 현재의 4.5만 원대는 무리 없는 매수 구간으로 평가된다.

국내 인테리어 업계 1등 기업이고, 주택 시장의 트렌드에 따라 언제든 실적 상승이 가능한 종목이다. 한샘이라고 하는 브랜드 인지도와 충성도는 여전하다. 한샘은 부동산 시장과 밀접하게 연관되어 있다. 새 아파트 입주가 많으면 사람들은 가구도 새로 장만하고 싶어 한다. 그래서 신축 아파트 입주가 많아지면 매출도 늘어난다. 그러나 지금처럼 이사 수요도 줄고, 입주도 적으면 아무래도 힘들다.

IMM PE가 2021년 12월 1.4조 원에 인수할 당시 한샘의 주가는 22만 원대였다. 그런데 지금 한샘의 시가총액은 1.1조다. IMM PE가 투자 실패한 사례로 거론될 정도로 비싸게 샀다는 말이 나온다. 인수한 지 4년이 지났지만 실적도 부진하고, 기업 가치도 그다지 올리지 못했다. 지금은 그렇게 평가받고 있지만, 향후 몇 년 뒤 어떤 모습을 보일지는 지켜봐야 한다. 물론 현재 증권사들의 한샘 주가 전망은 밝지 않다. 사모펀드가 모기업의 차입금 이자 상환을 위해 고배당 정책을 펴고 있다는 비판도 있다. 실적 개선에 따른 배당이 아니라는 점에서 시장의 시선이 곱지 않은 것이다. 그래서 좀 더 두고봐야 한다.

국내 부동산 시장 전망이 어둡다 보니, 한샘 실적에 대해서도 부정적인 시각이 많다. 하지만 국내 주택 노후화에 따른 리모델링 수요는 늘어날 수 있다. 한샘은 '리하우스'를 핵심 사업으로 삼고, 직접 시공 확대를 통해 매출을 늘리려 한다. 부엌 등 부분 시공을 확대하고 시공 기간을 단축시켜 경쟁력을 확보하려는 시도도 하고 있다. 다만, '오늘의 집' 같은 온라인 플랫폼과의 경쟁은 매출 압박 요인으로 남아 있다.

   2025년 6월에는 외부 인사를 영입해 온라인 시장에 집중하기 시작했다. B2B 시장 침체를 온라인 플랫폼의 B2C 거래 확대로 만회하려는 전략이다. 또한 2025년 7월부터는 오피스 인테리어 시장에 진출한다고 밝혔다. 국내 오피스 인테리어 시장 규모는 1.2조 원이고, 이 중 퍼시스가 점유율 60% 이상을 차지한다. 이미 경쟁자들이 온라인 채널에 포진해 있는 만큼, 한샘이 얼마나 점유율을 확보할지는 두고 봐야 한다. 온라인 사업 확장이 수익성에 마이너스가 될 수 있다는 우려도 있다.

   결국 지금은 좀 더 관망해야 할 때다. 그러나 길게 보면, 한샘이 과거의 영광을 되찾을 수 있지 않을까 생각해본다.

8-3
낙폭과대주
이마트

　나는 오프라인 대형마트의 바이어로 16년 넘게 일해오면서, 경쟁사였던 이마트를 늘 눈여겨봤다. 이마트 주가가 174,500원이던 시절, 나는 이건 너무 싸다고 생각했다. 2020~2023년 최고가와 비교하면 분명 최저가였기 때문이다. 그래서 곧바로 내 계좌에 담았다. 예전에 30만 원에도 이마트 주식을 샀던 적이 있었기에, 17만 원대는 당연히 싸다고 여겼고, 최소 50% 이상의 수익은 기대할 수 있겠다 싶었다.

그러나 2025년 4월, 이마트 주가는 6만 원이 무너질 정도로 추락했다. 내 평단가는 지금도 20만 원이 넘는다. 2025년 7월 들어 9만 원 초반대까지 오르긴 했으나, 나처럼 평단가가 20만 원 이상인 주주들이 적지 않을 것이다. 그렇다면 앞으로 이마트의 전망은 어떨까? 이마트 주가는 신세계건설 문제로 낮아졌지만, 이마트 점포의 부동산들을 현재 시점의 가격으로 재평가하고 장부상에 반영한다면 상황은 달라질 것이다. 다만, 대주주가 그것을 원치 않아 내버려두고 있는 듯하다.

이마트는 오프라인의 강력한 바잉 파워를 이용해 앞으로도 유통업계의 한 축을 지켜낼 것이다. 유통 공룡이라는 사실은 부인할 수 없다. 아직도 건재하다. 온라인이 대세라고 하지만 대부분의 온라인 유통기업들은 여전히 적자고, 오프라인 대형 유통사들은 수익을 내고 있다. 2024년 이마트 실적만 보아도 알 수 있다. 2023년에는 적자였지만, 2024년에는 0.16% 흑자로 돌아섰고, 2025년에는 1.7% 이상의 흑자가 전망된다. 그러면 주가는 결국 반영될 수밖에 없다. 당장 6개월, 1년 안에 폭등한다고 장담할 수는 없지만, 3년 정도 길게 보면 충분히 주가가 오를 것이라고 본다.

또한, 이마트는 절대로 없어지지 않을 유통 기업이다. 영업이익이 줄 수는 있다. 그러나 오프라인 유통 점포의 강점은 충분히 있다. 이마트의 수익은 훌륭한 수준이다. 앞으로 더 나아질 것이다. 물론 지금 당장의 실적을 보면 실망할 수도 있다. 그러나 이 상태가 계속 이어지지는 않을 것이다. 지금 이마트는 충분히 투자할 가치가 있다. 특히 이마트 점포 부동산을 현시점 가치로 재평가한다면 주가 상승에 더욱 유리할 텐데, 대주주가 의도적으로 내버려두는 것 같아 아쉬울 따름이다.

나는 유통업에 종사하다 보니 자연스럽게 유통 관련 기업들에 더 많은 관심을 갖게 된다. 주식 투자에 흥미를 갖고 있으니 이마트에 대한 여러 평가도 듣게 되는데, "이마트가 어렵다, 힘들다"라는 말들이 많다. 하지만 이는 지난 32년 넘게 건재해온 이마트의 저력을 너무 무시하는 평가라고 생각한다. 이마트는 앞으로도 10년, 20년 이상은 여전히 그 지위를 유지할 것이다. 오프라인 기반을 단단히 지닌 채 점차 온라인으로 영역을 넓혀가는 이마트는 앞으로도 더욱 강성해질 기업이라고 생각한다.

낙폭과대주
롯데손해보험

　수많은 언론과 유튜브들이 롯데손해보험 후순위채권 조기상환 불발 이유를 두고 "돈이 없어서 못 갚았다"라고 떠들지만, 이는 사실과는 다르다. 여전히 롯데손해보험은 업계에서 뜨거운 감자로 인식되고 있으며, 사라질 회사가 아니다. 실제로 2025년 1분기 원수보험료가 전년 동기 대비 6.1% 증가한 7,115억 원을 기록했고, 이 중 장기보험 비중이 89%에 달해 안정적 성장세를 보였다. 2025년 전체 매출도 전년 대비 비슷하거나 소폭 상승할 것으로 예상되며, 1분기 영업이익은 130억 원이었다. 다만 이는 금융당국 제도 변화로 인해 보험영업이익이 축소 반영된 결과다. 시장에서는 2025년 전체 기준으로는 수천억 원대 영업이익 회복이 가능할 것이라는 전망도 나온다.

롯데손해보험은 2025년 5월에 후순위채 900억 원을 조기상환 하고 싶어 했으나, 금감원에서 이를 막았다. K-ICS(신지급여력비율)가 150% 밑으로 내려가면 위험하다고, 못 하게 한 것이다. 규정상 빚을 갚은 뒤에도 K-ICS 150%를 유지되어야 콜옵션 행사가 가능한데, 요건을 충족하지 못한 것이다. 그런데 롯데손해보험의 K-ICS가 낮은 이유에 논란이 있다. IFRS 17 기준에서 금감원은 모두에게 표준 해지율 공식을 따르라고 요구했고, 롯데손보는 예외모형을 고수했다. 금감원의 권고대로 따르면, K-ICS가 125.9%이고 롯데손보가 선택한 예외모형으로 하면 154%가 나온 것이다.

이 상황은 과거 삼성바이오로직스 회계 논란을 떠올리게 한다. 몇 년간 적자를 내던 삼성바이오로직스가 회계 처리 변경으로 단숨에 흑자 전환을 했을 때, 금융당국과 검찰은 장부 부풀리기라며 기소했지만, 삼성바이오로직스는 IFRS 규정을 따랐다고 주장했고, 결국 승소했다. IFRS 기준을 따른 것을 범죄로 볼 수 없다는 판결이었다. 지금의 롯데손해보험 문제도 비슷한 양상이다. 만약 금감원의 주장이 힘을 잃게 되면 상황은 크게 달라질 수 있다.

롯데손해보험 주가의 최대 변수는 매각이다. 우리금융지주나 하나, 신한에서 매각을 하게 되면 주가는 폭등하게 될 것이다. 다만 JKL에서 기대하는 매각가와 인수하고 싶어 하는 측에서 생각하는 가격 차이가 너무 크다. 롯데손해보험 최대주주인 사모펀드 JKL 파트너스는 24년 매각 시도에서 2~3조 원의 가격을 고집했고, 하나금융그룹은 1.3조, 신한금융그룹은 1.6조 원, 우리금융그룹은 1.8조 원을 제시했다. 그래서 매각이 무산되었다.

매각 무산 후 롯데손해보험의 시가총액은 한때 1조 원까지 올랐으나, 지금은 약 5,600억 원 수준이다. 주가도 2025년 7월 현재 1,900~2,000원대에 머물고 있는데, 이는 2024년 6월 기록한 최고가 4,090원의 절반에도 미치지 못한다. JKL파트너스가 매입했던 가격이 주당 3,052원이었던 점을 고려하면, 현재는 3분의 2 수준에 불과하다. JKL이 2019년 롯데손보를 인수하는 데 투입한 금액은 7,300억 원이었다. 이자비용까지 감안하면, JKL이 기대하는 매각가 2~3조 원은 무리한 목표라고만 보기는 어렵다. 문제는 인수하려는 측이 얼마까지 감내하느냐에 달려 있다.

결국 누가 더 오래 버티느냐가 관건이다. 개인적인 견해로는, 이런 혼란과 변수가 많은 기업일수록 어느 날 예기치 않게 폭등할 가능성이 충분하다고 본다.

낙폭과대주
한국전력

한국전력의 주가가 2017년 10월 이후 7년 8개월 만에 4만 원대를 돌파했다. 물론 7월 들어 3.5만 원대로 내려가기도 했지만, 2025년 8월에는 다시 4.2만 원을 넘어섰다. 2025년 1분기 매출은 24조 원, 영업이익 3.7조 원으로 영업이익률 15.5%를 기록했고, 2분기는 매출 21조 원, 영업이익 2.3조 원으로 영업이익률이 10.6%였다. 2025년 전체 매출은 97조 원, 영업이익은 15조 원 이상으로 전망된다. 영업이익률은 14~15%, 순이익률은 8% 이상이 기대되는, 수익성 측면에서 매우 우수한 종목이라고 볼 수 있다.

또한, 정부의 공공요금 인상 기조가 계속 있다. 2025년 1~2분기에는 전기요금 동결되었지만, 향후 한국전력 적자 해소를 위해 전기요금 인상은 불가피하다. 이미 2022년부터 2023년 10월까지 7차례에 걸쳐 전기요금이 50% 가까이 인상되었으며, 산업용 전기요금은 2022~2025년까지 누적 70% 인상되었다. 따라서 현재의 동결이 장기적으로 이어지기는 어렵고, 전기요금은 점진적으로 다시 인상될 것으로 보인다.

2024년 1월에 당시 한국전력 사장이 이탈리아 Enel사(社)처럼 공기업의 틀을 벗어나겠다고 이야기한 적이 있다. Enel사는 이탈리아 전력회사인데, 공기업이었다가 1999년에 민영화되었다. 2022년에 이탈리아 Enel사가 54억 유로, 한국 돈으로 7.8조 원의 순이익을 냈다. 이탈리아 전기요금은 2015년과 비교해서 2022년에 12배 올랐다. 유럽에서 가장 전기료가 비싼 나라가 된 것이다. 이는 부채 감소를 위해 한국전력 또한 전기요금을 어느 시점에는 올릴 수밖에 없다는 것을 시사한다.

2024년 말 기준 한국전력의 총부채는 205조 원, 부채비율은 496%였다. 2019년에는 부채가 128조, 부채비율 186%였고, 2022년에는 192조, 452%였다. 2027년까지 부채비율을 363%까지 낮추겠다는 목표가 있다. 그래서 지속적인 부채비율 하락이 있을 것으로 예상된다.

연간 이자비용은 25년에 4.7조 원 정도 될 것으로 전망된다. 2025년 1~2분기에 흑자 전환이 되었으나, 이자 비용이 여전히 높아 수익 증대의 걸림돌이 되고 있는 건 사실이다. 그런데 한국수력원자력의 원전 사업 확대에 대한 기대가 주가를 올리고 있다. 원전 사업 확대가 주가 상승을 불러온 것이라고 보면 맞다.

AI 확산으로 전력 수요가 급증하고 있다. 중동 전쟁 휴전으로 인한 유가 안정도 한국전력에는 도움이 되고 있다. 그리고 원전이 다시 주목받고 있다. 트럼프 발 원전 드라이브가 더욱 힘을 보태고 있다. 트럼프는 미국 원전 산업 재건을 계속 부르짖고 있다. 한국전력은 한국의 수출을 주도하는 곳으로, 명백한 원전 산업 확장의 수혜주라고 메리츠증권 애널리스트는 주장하고 있다. 기대 주가는 5만 원 이상도 가능할 것으로 보인다. 어쩌면 그 이상도 될 수 있을 것이다. 배당이 충분히 나오고, 원전 수주 뉴스가 늘어나면, 그에 따른 주가 상승은 당연한 모습일 수 있겠다.

낙폭과대주
CJ CGV

한때 주가가 14만 원까지 갔던 적이 있는 주식이다. 언론에서는 넷플릭스 때문에 영화관은 망했다, 더 이상 살아날 가망이 없다고 말한다. 지금 주가는 5,000원대인데, 살아날 기미가 안 보인다고 아주 가혹하게 평가한다. CJ CGV 주식에 투자한 사람들 중 손실 투자자 비율이

99%라고 할 정도로, 투자자들의 손해가 극심한 종목이다.

  그러나 2025년 7월 4일 추경안이 통과되면서 영화계에 대한 지원금이 확정되었다. 영화 관람 할인쿠폰 450만 장이 지원되었고, 총 271억 원 규모다. 7월 25일에 배포되어 9월 3일까지 사용 가능한데, 쿠폰은 99% 이상 사용될 것으로 예상된다. 과거에도 이와 같은 쿠폰이 배포되었을 때 대부분 사용된 적이 있었다. 영화관은 2019년 코로나 팬데믹 이후 지금까지 계속 어려움을 겪고 있다. 2024년에 극장 전체 매출은 1.2조 원으로, 전년 대비 -5% 감소했고, 관객 수도 소폭 줄었다. 2025년 상반기에는 침체된 사회 분위기 때문에 더욱 극장가에 찬바람이 불었다.

  하지만 2025년 8월부터는 조금씩 분위기가 달라지고 있는 게 느껴진다. 극장가에 사람들이 하나둘 다시 모이고 있다. 내수 침체를 만회하기 위해 새 정부가 계속 지원책을 내놓을 것이고, 앞으로 한국은 K-콘텐츠를 육성할 수밖에 없다. 첨단 제품 수출이 예전 같지 않은 만큼, 돈을 적게 들이고도 벌어들이는 관광, K-POP, K-드라마, 영화, 공연 같은 문화산업에 힘을 쏟을 것이다. 결국 한국의 미래 수출 주력 품목 중 하나는 영화와 드라마가 될 수 있다. 문화산업에 대한 정부 차원의 육성은 필연적이다.

  언론은 영화관 티켓값이 비싸다고 하지만, 영화 할인쿠폰 6,000원이 적용되면 1만 원 미만으로 영화를 볼 수 있다. 게다가 앞으로 여러 기업들이 무료 티켓을 뿌리고, 문화의 날을 늘려 영화 관람을 장려할 가능성이 크다. 그렇게 되면 어느 날 갑자기 1,000만 관객 영화가 터질 수도 있다. 2019년에도 1,000만 관객 영화가 5~6편이나 나왔고, 연간 관람객 수가 2억 명을 넘었다. 만약 그와 같은 붐이 다시 온다면, CJ CGV 주가는 지금의 5,000원대가 아니라, 몇 만 원대도 가능할 것이다. 물론 금방 그런 효과가 나오진 않을 것이다. 한동안 지지부진할 수 있고, 시간이 제법 걸릴 수도 있다.

그리고 주목해야 할 부분이 하나 더 있다. 2023년 10월, 허민회 당시 CJ CGV 대표가 회사 주식 2만 주를 직접 매입한 것이다. 총 1억 1,000만 원을 들여, 5,500원에 18,071주, 5,440원에 1,929주를 샀다. 당시 주가는 7,000원대에서 5,000원 초반까지 내려온 상황이었는데, 바로 그 시점에 허 대표가 직접 매수한 것이다. 그도 결국 월급쟁이 대표인데, 그가 5,500원에 2만 주를 샀다는 것이 무슨 의미일지 잘 생각해보면, 기회가 있지 않을까 싶다.

비슷한 사례는 2013년에도 있었다. 서정 CJ CGV 대표가 주식 4,030주를 매입했을 때다. 언론은 당시 이를 "주가 상승에 대한 강한 자신감의 표현"으로 해석했다. 실제로 2013년 3만 원 초반대였던 주가는 2014년 4만 원대, 2015년 5만 원대, 2016년에는 무려 11만 원까지 치솟았다. 이것을 단순한 우연이라 치부할 수 있을까? 곰곰이 생각해볼 필요가 있다.

낙폭과대주
BGF리테일

　BGF리테일은 2024년 12월 98,000원이었고, 2025년 7월 129,800원까지 올랐다가 지금 2025년 8월에는 12만 원대를 보인다. 목표 주가는 14만 원에서 15.5만 원 정도로, 다소 보수적인 전망이 나온다. 현재 시총은 2.1조 원이다. 편의점 CU를 운영하는 회사로,

2022년부터 편의점 업계 영업이익 1위를 기록하고 있다.

  2025년 1분기 국내 편의점 전체 매출이 전년 대비 0.4% 감소하면서 사상 첫 분기 역성장이 나타났다. 시장 포화와 소비 심리 위축이 이유였다. BGF리테일도 예외는 아니어서, 증권사들은 주가 상승이 쉽지 않다고 평가했다. 실제로 국내 편의점 경쟁은 갈수록 심해지고 있어, 매출 증가가 쉽지 않을 수 있다. 하지만 BGF리테일은 해외 점포 확장, PB 상품 개발, 구독 서비스 런칭 등 다양한 차별화 전략을 통해 매출 개선을 시도하고 있다.

  2025년 7월 민생회복 소비쿠폰 지급 이후, 편의점 매출이 일부 늘었다는 이야기가 나온다. 대형마트나 온라인 쇼핑몰에서는 사용이 불가능하지만, 오프라인 매장인 편의점에서는 사용이 가능하기 때문이다. 코로나19 시절 긴급재난지원금 지급 당시에도 편의점 매출이 크게 늘었던 경험이 있다.

  또한 7~8월은 편의점 업계의 대표적인 성수기다. 무더위와 늘어난 야외 활동 덕분에 편의점을 찾는 고객이 급격히 늘어난다. 음료, 아이스크림, 얼음컵, 아이스커피 매출이 치솟고, 도시락, 간편식, 안주류, 맥주 소비도 함께 증가한다. 늦은 저녁이면 편의점 파라솔 의자에 앉아 과자와 맥주를 즐기는 사람들을 쉽게 볼 수 있다. 여름 휴가철에는 휴양지의 편의점에서 여름철 상품 매출이 크게 늘어난다.

  최근 편의점 업계는 2+1, 1+1 등 다양한 행사 프로모션을 늘리고 있다. 특히 맥주 번들 행사는 이제 흔한 풍경이 되었고, 편의점은 주류 소비의 대표 채널로 자리 잡았다. 여름이 성수기라면, 겨울 역시 또 다른 성수기다. 호빵, 온장고 음료, 군고구마·군밤 같은 겨울 상품들이 효자 역할을 하며 매출을 끌어올린다. 결국 CU 편의점의 매출 증가는 곧 BGF리테일의 실적 개선으로 이어진다고 볼 수 있다.

새 정부 출범 이후 내수 부양 기대감도 있고, 1~2인 가구들의 근거리 소량 구매 트렌드에 편의점이 최적화되어 있어 지속적인 매출 유지가 가능할 것으로 본다. 또한, 택배 서비스, 모바일 상품권, 광고 서비스, 출력 서비스 등이 추가되면서, 편의점은 단순히 상품을 구매하는 쇼핑 공간에서 생활 공간으로 영역이 넓어지고 있다. 그리고 배당소득 분리과세가 추진되면, BGF리테일과 같이 지난 5년 평균 배당 성향이 35% 이상인 종목들의 주가 상승이 기대된다.

낙폭과대주
삼성SDI

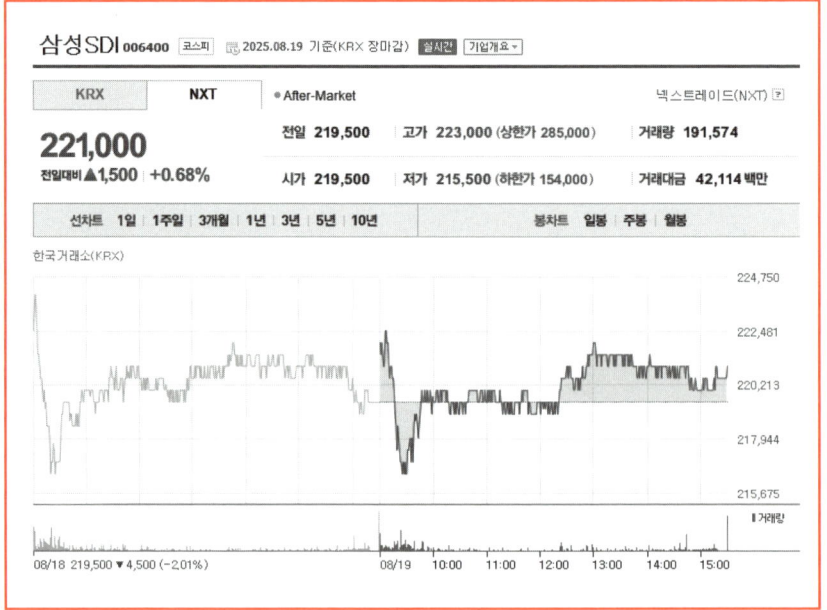

2023년 3월 78만 원 하던 주가가 2025년 5월에 15.8만 원까지 떨어졌다. 그러다가 2025년 7월 기준 17~18만 원대, 2025년 8월에는 21~22만 원대까지 소폭 올랐지만, 78만 원이었던 주가와 비교하면, 여전히 하락 폭이 심하다. 마이너스 70% 이상이다. 전기차 시장이 둔화(일시적 수요 정체, 캐즘)로 인한 삼성SDI 실적 악화가 영향을 크게 미쳤다. 전기차 판매 부진이 배터리 재고 증가로 이어진 것이다.

또한, 2025년 3월 대규모 유상증자 발표 이후 주가 하락은 더 심해졌다. 안 그래도 주가 회복이 쉽지 않은 상황에서 유상증자로 기존 주주의 지분 가치가 하락할 우려 때문에 주가가 급락한 것이고, 투자자들의 반발이 있었다. 최초 목표액은 2조 원이었으나, 발행가 산정 기간 중에 주가가 하락해 최종 조달은 1.6조 원에 그쳤다. 삼성SDI의 부채 비율이 낮은데도 대규모 유상증자한 것에 대해 시장은 의문을 가졌고, 그 때문에 주가는 떨어진 것이다.

투자자들은 부정적으로 유상증자를 해석했고, 증권사들은 당장은 아니어도, 향후 기업 가치 제고에 도움이 될 거라고 봤다. 물론, 이는 지나봐야 제대로 된 평가를 할 수 있을 것이다. 당장은 부정적으로 보고 있는 게 맞다. 주가가 부진한 게 바로 그 의미라고 보면 되겠다. 최소한 기존 주주들에게 충분한 동의를 얻은 뒤, 주주들에게 일정 부분 보상을 주면서 유상증자에 나섰더라면 좋았을 텐데, 경영진에게는 그런 고려가 부족했던 것이다.

현재 여러 증권사에서 삼성SDI 목표 주가를 하향 조정하고 있다. 단기적인 주가 하락에도 불구하고, 역사적인 저점이라며, 반등 기대감도 있다고 말한다. PBR이 2025년 7월 기준으로 0.65다. 창립 55주년을 맞는 삼성SDI가 전열을 재정비하고 반전에 나섰다는 뉴스도 있다. 현재 중국을 제외한 주요국 배터리 업체들이 전부 고군분투 중이다. 중국 배터리 기업들의 약진이 삼성SDI에 더욱 부담이 되었다고 본다.

그럼에도 데이터센터 산업 성장에 힘입어 배터리 수요가 꾸준히 증가하고 있다는 점은 향후 실적 개선에 보탬이 될 것 같다. 삼성SDI는 펀더멘털 반전 종목, 기관 빈집 대형주로 분류되고 있다. 따라서 향후 기관들의 매수 유입 가능성이 크다. 주가가 과도해 저평가 구간에 진입하면, 향후 실적 개선이나 새로운 모멘텀 발생 시 기관의 매수세 유입으로 주가 반등이 생길 수 있다고 한다. '단순히 기관이 팔고 있으니, 나중에 다시 매수할 거다' 이런 생각 말고, 향후 실적이 개선되면, 언제든 주가 상승할 힘이 더 세질 거라고 보고, 조금씩 담아놓으면 좋을 것 같다.

낙폭과대주
CJ제일제당

CJ제일제당 2025년 8월 주가가 24~25만 원이다. 시가총액이 대략 3.7~3.8조 정도 된다. 2024년 연 매출이 17.8조 원, 영업이익은 1.3조 원을 기록했다. 배당금도 6,000원이 넘었지만, 배당률은 2% 초반으로 낮은 편으로 보인다. 그러나 매출은 탄탄하다. 2025년 1분기 매출은

7.2조 원, 영업이익은 3,332억 원이었다. 2분기는 매출 4.3조 원, 영업이익 2,700억 원 정도로 추정된다. 목표 주가는 35~50만 원 사이다. 누가 뭐라 해도 비비고 만두는 국내 만두 브랜드 1위로, 압도적인 브랜드 파워를 갖고 있으며 해외 소비자들로부터도 큰 인기를 얻고 있다.

CJ제일제당은 1953년 제일제당공업주식회사로 출범한 이래 약 70년간 소재식품에서 가공식품으로 사업영역을 확장하며 한국 식품산업의 발전을 이끌어왔다. 설탕, 밀가루, 식용유, 장류, 조미료 등 사람들이 일상적으로 반복 소비하는 제품들을 공급하면서 안정적인 매출을 확보하고 있다. 브랜드 역시 비비고, 햇반, 고메, 스팸 등 대중적 인지도가 높은 강력한 라인업을 갖고 있다.

CJ계열사는 2024년 2월 공정거래위원회 발표 기준 76개이며, CJ그룹 전체 매출은 32.6조 원이다. 이 중 CJ제일제당의 매출은 17.8조 원으로, 그룹 전체의 55%가량을 차지하고 있다. CJ그룹에서 압도적인 매출 비중이다. 그룹의 핵심이자 주력 사업임을 보여주는 수치다. 그러므로, CJ계열사 중에서 절대 무시하지 못할 기업이라고 할 수 있다. 그렇기에 더욱 CJ제일제당에 관심을 갖는 게 좋겠다.

2027년 IFRS 18 적용 이후 CJ계열사들은 큰 변화를 맞이하게 될 것이다. 실적을 확실히 내는 계열사와 그렇지 못한 곳의 격차가 분명히 드러나면서, 그 가운데 CJ제일제당이 주목받을 가능성이 크다. IFRS 18 적용 이후 대기업 지주사의 영업이익이 감소할 것이다. 현재는 연결재무제표상 자회사로부터 발생하는 지분법 손익을 영업외손익으로 분류하지만, IFRS 18에서는 지분법 손익을 영업이익이 아니라 '투자 손익'

으로 분류한다. 그래서 영업이익 감소가 예상된다.

지금은 지주사에 쏠린 관심이 크지만, 시간이 지나면 시선은 자연스레 대기업 그룹사 가운데 알짜 계열사로 옮겨가게 될 것이다. 그 과정에서 CJ제일제당의 중요성은 더욱 부각될 수밖에 없다.

따라서 지금부터 조금씩 주식을 모아간다면 충분히 결실을 기대할 만하다. 현재 주가 26~27만 원대는 매우 매력적인 구간으로 보인다. 2~3년 뒤에는 80만 원, 나아가 100만 원을 바라볼 수도 있을 것이다. 그렇기에 2025년 하반기에는 조심스럽지만 꾸준히 비중을 늘려가는 전략이 현명하다.

낙폭과대주
LG생활건강

　LG생활건강은 매출의 41%가 뷰티 사업, 31%가 생활용품, 27%가 음료 사업에서 나온다. 뷰티 사업은 부진하다는 평가가 많지만 생활용품은 안정적인 캐시카우 역할을 하고 있으며, 음료 부문 역시 코카콜라·스프라이트·파워에이드 등 강력한 브랜드를 기반으로 높은 점유율을

유지하고 있다. 전반적으로 각 사업 부문마다 체질 개선을 추진 중이다.

주가는 2025년 4월 29만 원이었고, 7월에는 32~35만 원을 기록했다. 8월 들어 30만 원이 무너지고 29만 원대까지 내려갔지만, 다시 조금씩 회복하는 흐름이다. 지난 1년 중 최고가는 2024년 9월 39만 원이었고, 3년 전인 2022년 8월에는 79만 원, 2021년 7월에는 무려 178만 원이었다. 지금과 비교하면 격세지감이다.

현재 LG생활건강에 대한 평가는 박하다. 투자 의견 중립을 유지한다는 증권사도 있다. 매출 회복이 여전히 아쉽다고 말한다. 2025년 2분기 실적은 매출이 감소했고, 영업이익은 전년 대비 20% 줄어든 1,259억 원으로, 시장 기대치보다 12% 낮을 것으로 전망된다.

K-뷰티 업종 전반이 구조적 성장을 기대하는 가운데, LG생활건강만 나 홀로 역행하고 있다. 전략 부재와 인디 브랜드와의 경쟁 심화로 실적 반등이 쉽지 않다며, 삼성증권은 목표 주가를 34만 원에서 29만 원으로 하향 조정하고 있다. 2025년 전체 매출은 2024년과 비슷할 것으로 전망되고, 영업이익도 비슷할 것이라고 본다. 그러나 당기순이익은 2024년 2,000억 원에서 2025년은 2,955억 원으로, 900억 원 이상 늘어날 것으로 보여 나쁘지 않다.

당장 중국 시장이 불확실해서 실적이 별로일 거라고 한다. 그래서 LG생활건강도 비(非)중국 시장으로의 확장 계획을 가지고 있다. 그래도 중국 시장에서의 회복은 조금씩 이뤄질 것이라고 본다. 중국 경기 회복, 한한령 해제로 인한 효과가 있을 것이다. 비중국 시장에 신경을 쓴다고 해서, 중국 시장을 포기한다는 의미는 아니다.

또한 주주환원 정책을 펼칠 것으로 전망된다. 배당 성향을 30% 이상으로 상향 조정했다고 한다. 지난 5년간 20% 중후반대였던 배당 성향과 비교해보면 높아진 수치다. 또한 기존에는 연 1회 배당하던 것을 2025년부터는 연 2회 이상 배당한다. 이것만 봐도 주주들에게 더 다가가려는 노력이 보인다. 2024년 배당은 보통주 기준 3,500원이었고, 2025년 배당은 4,000원으로 예상된다고 한다.

주가가 30만 원 아래일 때는 충분히 매수해도 된다고 본다. 비록 지금은 LG생활건강이 부침을 겪고 있어 오랫동안 지지부진할 것처럼 보이지만, 그렇지는 않다. 30만 원 선이 무너지고 더 아래로 내려갈 수도 있다. 그러나 조금씩 분산해서 보유하는 것은 나쁘지 않다고 본다. 언젠가 과거의 영광을 떠올리게 되는 때가 올 것이다. 다만 시간이 좀 걸릴 수 있다는 점은 감안해야 할 듯하다.

고배당 주식이 좋다

고배당 주식의 가장 강력한 힘은 매년 같은 시기에 배당금을 준다는 것이다. 웬만한 예금 이자보다 높으면 그 자체로 좋은 것이다. 배당으로 5%, 6% 받을 수 있고, 과거 배당 이력을 보니 10년 넘게 꾸준히 일정한 금액을 지급했다면, 그것은 정말 알짜 주식이라고 생각하고 갖고 가는 게 맞다. 지금은 5%, 6%의 수익률이 별로 대단치 않게 보일지 몰라도, 향후 10년 안에 한국도 일본처럼 초저금리 시대를 맞을 수 있다. 예금 이자가 0%, 1%대인 시대가 올 것이다. 그때가 되면 5% 수익은 엄청난 수익률로 느껴질 것이다. 그러므로 지금 미리 5% 이상의 배당 주식을 잘 확보해두는 것이 좋다.

물론, 배당 주식 투자는 쉽지 않다. '그냥 사놓고 계속 갖고 가면 되는데, 뭐가 어렵나?'라고 말하는 사람도 많다. 그러나 그런 투자가 쉬울 거 같지만, 결코 쉽지 않다. 매우 재미가 없기 때문이다. 한국 사회는 엄청난 자극과 반응을 기대한다. 달콤한 음식에 끌리고, 즉각적인 반응을 원하고 새로운 자극을 기대하는 현대인들에게 이보다 지루한 투자 방식은 없다. 투자를 해서 돈 버는 게 주된 목적이지만, 사람들은 동시에 매일매일 새로운 재미를 추구한다.

그러다 보니 가만히 있지 못한다. 엉덩이가 들썩이고, 손이 근질근질하다. 혹시 더 좋은 수익을 주는 다른 주식이 있나 기웃거리게 된다. 그래서 한국 투자자들 중에는 단타족이 많다. 누가 조금이라도 괜찮다고 말하면, 속전속결로 움직인다. 이런 성향의 사람들에게 지루한 기다림만 요구하는 배당 주식 투자는 정말 어려운 일이다. 가만히 놔둬도 돈을 벌어다 주는 투자임에도 불구하고, 사람들은 힘들어한다.

하지만 과도한 갈아타기, 여기저기 기웃거리는 투자 방식은 큰 손실과 시간 낭비를 부른다. 전문가나 유튜버들이 소개하는 종목으로 짧은 기간에 짜릿한 수익을 내야 어디 가서 자랑할 수 있고, 거드름도 피울 수 있을 것 같지만, 현실은 그렇게 빨리 흘러가지 않는다. 롤러코스터를 타면 신나고 재미있을 것 같지만, 실제로는 손해만 보는 경우가 많다. 그러니 우직하게, 지루하게 배당 주식을 챙겨가는 것이 맞다.

예를 들어 KT&G 주식이 그렇다. 독점주다. 사람들이 담배를 다 끊지 않는 한 수요는 계속 유지된다. 머리로는 다 알면서도 막상 투자하라 하면 망설인다. 재미가 없기 때문이다. 그러나 원래 돈 버는 일 자체가 화려하고 다이내믹하지 않다. 뻔하고 단조롭다. 그런 배당 주식에 관심을 두는 것이 가장 안전한 투자법이라고 생각한다. 남들보다 더 우직하게, 참고 견디고 기다리면서 돈을 버는 법을 실천할 때 비로소 잃지 않고 돈을 벌 수 있다.

고배당주
코람코라이프

　주가 4,500원 기준 배당금이 416원으로, 배당수익률이 무려 9.2%에 달한다. 코람코라이프인프라리츠는 국내에서 유일하게 인프라 비중이 높은 복합형 리츠다. 쿠팡 풀필먼트 센터(물류센터), 클라우드 데이터센터 등 핵심 인프라 자산을 다수 보유하고 있어 안정적인 임대 수익 기반을 갖추고 있다.

여러 자산이 물가상승률에 연동된 임대료 인상 조항을 포함하고 있어, 물가가 오를 때도 수익 방어가 가능하다. 연간 400원대의 배당이 예상된다. 2024년 실적을 보면 매출 485억 원, 영업이익 356억 원, 당기순이익 238억 원으로, 영업이익률 73.5%, 순이익률 49%라는 믿기 어려울 만큼 높은 수치를 기록했다.

금리 상승기에는 차입 비용이 증가해 주가에 악영향을 주고, 금리가 인하되면 차입 비용 감소와 배당 매력이 증가해 주가 상승이 기대된다. 2024년 11월 말에 특별 배당을 확정했다. 당시 주가 4,345원 기준으로 연 환산 배당률 11%였다. 2024년 10월에 강원 신철원주유소 등 6곳을 매각해, 회수된 매각대금 전액을 특별 배당금으로 지급한 것이다.

코람코라이프는 물류센터 32%, 리테일 11%, 전기차 충전소 5%, 오피스 4%로 매출 비중이 다각화되고 있고, 주유소 관련 매출 비중은 상장 당시 100%에서 2024년 11월 48%로 비중이 조정되었다. 2020년 상장 때와 비교하면, 자산 구성 다각화가 잘되어가고 있는 것으로 보인다. 2025년 상반기에도 주유소 매각을 통해 관련 매출을 줄이고 수익성 높은 신사업에 진출해 특별 배당을 하겠다는 기조다.

2025년 상반기에 도래하는 6,950억 원 차환을 성공했다. 2020년 당장 당시 실행했던 대출의 만기였는데, 성공적으로 상환했다는 평가가 있다. 기존에 대출 금리가 3% 내외였던 것을 4% 초반으로 변경 처리했다고 한다. 다른 리츠들이 2% 이상의 금리 상승을 감당해야 했던 것에

비하면 상대적으로 충격을 덜 받았다고 평가했다. 또한 2025년 4월에 보유한 자산들을 재평가해서, 기존 대비 34% 증가한 1.7조 원으로 산정받았다고 한다. 자산 가치가 상승해 좀 더 낮은 금리로 리파이낸싱(새로운 대출로 갈아타는 것)할 수 있었다고 한다.

회사 측은 대규모 리파이낸싱, 자산 매각, 전환사채 발행 등으로 배당 재원을 확보해 2027년까지 연간 주당배당금 328원을 줄 수 있다고 한다. 7%대의 배당수익률을 낼 수 있다는 의미다. 배당 투자자에게는 충분히 매력적인 기회가 될 수 있다.

고배당주
한국쉘석유

　한국쉘석유는 윤활유와 그리스를 제조·판매하는 회사다. 윤활유가 매출의 80%, 그리스 제품이 6%를 차지한다. 최대주주는 쉘페트롤륨엔비로 지분율은 54%이며, 세계적인 에너지·석유화학 기업인 로열더치쉘 그룹의 일원이다. 쉘 그룹은 17년 연속 윤활유 판매 세계 1위를 기록하고 있다. 윤활유는 소모성 제품이라 산업 경기 영향을 크게 받는다. 현재 기준 배당률은 7~8%로 높지만, 2017년에 배당을 중단했던 사례처럼 실적 악화 시 언제든 배당 축소 가능성이 있다.

재무 지표를 보면 PBR 2.3배, ROE 31.3%, 부채비율 49.3%, 배당성향 86.9%다. 높은 배당 성향 덕분에 ROE는 높게 유지되지만, 그만큼 성장성에는 제약이 있을 수 있다. 또 하나의 리스크는 전기차 확산이다. 내연기관차 판매가 줄면 엔진 오일 수요도 감소하기 마련이다. 경쟁사들은 전기차용 윤활유를 개발하고 있지만, 한국쉘석유는 아직 현상 유지에 머물러 있다는 점이 차별적이다.

유가와 연동되는 원재료 때문에 저유가일 때는 매출 원가가 낮아져서 영업이익이 급등하고, 고유가 국면에서는 매출 원가와 판매관리비 상승으로 영업이익이 하락한다. 한국쉘석유 주가에 긍정적인 면은 높은 배당이다. 그리고 윤활유의 안정적인 수요 때문에 어느 정도 실적도 유지되는 편이다. 쉘 그룹의 브랜드 가치 때문에 더욱 그러하다.

안정적인 배당수익을 기대하는 투자자에게 매력적인 주식이라고 본다. 장기적인 관점에서 배당수익을 기대하기에 좋다. 다만, 지금은 2025년 7월 기준으로 49만 원대다. 지난 1~3년간 비교해볼 때, 현재 주가는 높은 편으로 보인다. 현재 49만 원 기준으로 보면, 배당수익률이 5% 중반대로 내려와 있다. 다소 주가가 세 보이는 만큼 지금 가격에 무리하게 들어가는 것보다는 관망하는 게 좋을 것 같다. 가격이 좀 내려오면 그때 매수를 고려하는 게 낫겠다.

언론 뉴스에도 특별한 기사가 많이 안 보이는 종목이다. 그러나 오랫동안 고배당주로 인기를 끌어왔던 종목이다. 최근에 주가가 많이 올라 있어, 49만 원대의 주가를 보이고 있는데, 단기 급등해서 부담스러운 건 사실이다. 그래서 지금 곧바로 들어가기보다는 최대한 분할 매수하는 게 좋겠다. 한때 배당수익률로 8%대, 11%대를 보이기도 했다. 지금은 다소 높은 주가를 보이기에 지금 바로 매수하는 것보다는 향후 30만 원대 가까이 내려가면 그때 매수하면 좋을 듯하다.

고배당주
SKT

  SK텔레콤은 매출 17.8조 원, 영업이익 1.8~1.9조 원 수준을 기록하고 있으며, 영업이익률은 10% 초반대다. 배당금은 3,500원 정도로, 배당수익률이 6% 중반대에 이르는 고배당주다. 국내 1위 통신사로 안정적인 실적을 보이고 있으며, 국내 이동통신 시장 점유율은 40%대를 보이고 있다. 물론 최근 유심 해킹 사고로 점유율 하락 우려가 있지만, SK 측에서 가만히 앉아서 점유율 빼앗기는 것을 지켜보지는 않을 것이다.

2025년 2분기, 4월 22일 유심 해킹 사고 이후 5월 22일 장중 52주 최저가인 50,400원까지 내려갔다. 5월 23일 50,700원으로 마감했는데, 불과 한 달 전 58,800원이던 주가와 비교하면 약 14% 하락한 것이다. 과거 흐름을 보면 2023년 7월에는 4.3만 원대까지 내려갔다가 2024년 11월에는 6.2만 원까지 올랐다. 2025년 5만 원 초반 이후 현재(8월)는 5만 원 중후반을 기록 중이다. 이 가격대에서도 배당수익률이 6%대에 이르니, 충분히 매력적이라고 볼 수 있다.

SK텔레콤은 매년 당기순이익의 50% 이상을 주주에게 환원하겠다고 밝히고 있다. 현재 분기 배당을 실시 중이며, 2025년 연간 배당은 주당 4,000원을 넘길 것이라는 전망도 나온다. 주가가 5.5만 원일 때 배당이 4,000원이면, 배당수익률은 7%를 넘는다. 이는 상당히 매력적인 수익률이다.

SK텔레콤은 대표적인 배당주로 경기방어주라고도 말한다. 필수재 성격도 강하고, 장기계약을 바탕으로 한 수익 구조로 배당을 주는 좋은 주식이다. 증권사들은 SK텔레콤의 실적 부진이 계속될 것이라고 전망하는데, 나는 생각이 좀 다르다. 2025년 2분기에 매출은 전년 동기 대비 1.9% 감소한 4.4조 원, 영업이익은 38% 감소한 3,332억 원이 될 거라고 했다. 그리고 2025년 2분기 실적을 보니, 매출은 4.3조 원에, 영업이익은 3,383억 원으로 거의 전망치와 비슷했다. 주가도 금세 회복세를 보이고 있다.

2025년 2분기 순감 가입자는 63만 명, 유심 확보 비용으로 2,000억 원이 들었을 것이라고 한다. 또한, 3분기에 위약금 면제와 마케팅 비용 증가 때문에, 주가 하락이 있을 것이라는 의견도 있다. 그러나 사고는 수습될 것이고, 가입자 이탈은 줄어들 것으로 예상된다. 또한 AI 사업 부문이 13.9% 성장하며 향후 더 나은 기대감을 갖게 해주었다.

정부의 밸류업 프로그램 기조 속에서 SK텔레콤은 통신업종 내 대표적인 저평가 기업으로 꼽힌다. 해킹 사고가 있었지만 배당 축소 가능성은 작으며, 펀더멘털이 흔들렸다고 보기도 어렵다. 따라서 주가가 5만 원 중후반대에서 더 내려간다면 매수 기회이고, 지금 가격대에서 매수해도 나쁘지 않다. 장기적으로 보유하면서 배당수익을 챙기는 전략이 유효하다. 다만, 모든 악재가 완전히 해소될지는 확신할 수 없으므로, 분할 매수로 조금씩 주식 수를 늘려가는 것이 현명하다.

9-5
고배당주
KT

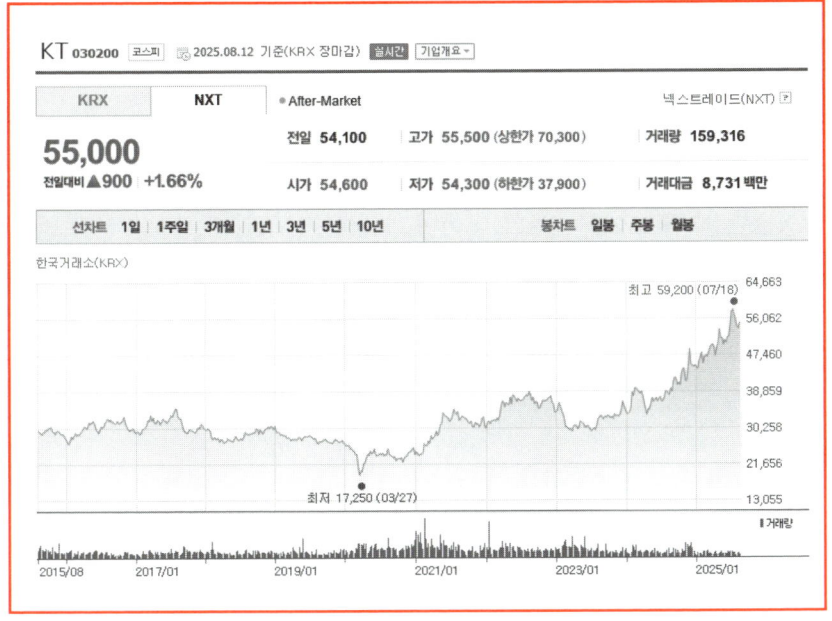

　KT는 시가총액 약 14조 원으로, 코스피 40위권 기업이다. 2025년 실적은 매출 28조 원, 영업이익 2.6조 원이 예상되고 있다. 2025년 1분기 매출은 6.8조 원, 영업이익은 6,880억 원으로 전년 동기 대비 매출은 2.9% 증가, 영업이익은 36% 증가했다. 영업이익률이 10%대를 달성한 것은 13년 만이다. 2025년 2분기 매출은 7.2조 원, 영업이익은 약 9,000억 원으로 추정되며, 영업이익률은 12%를 넘어설 것으로 보인다. 이는 경쟁사 SK텔레콤의 유심 해킹 사태로 인한 상대적 특수 효과로 해석된다.

KT는 저수익 사업을 줄여 영업이익을 더욱 개선할 전망이다. 2025년에 영업이익 2.6조 원을 내면, 이는 전년 대비 220% 증가하는 수치다. 2024년 영업이익이 8,000억 원이었는데, 2025년에는 2.6조 원을 생각하고 있다고 하니, 엄청난 이익 증가라고 봐야 한다. 당기순이익도 2024년 4,171억 원에서 2025년에 18,488억 원으로 4배 이상 늘어날 예정이다.

2025년 7월 주가는 5.8만 원이었고, 2025년 8월에는 5만 원 중반대 아래로 내려갔다. 증권사들의 목표 주가는 7만 원 정도다. 2025년 7월의 5.7만 원 주가는 2002년 민영화 이후 최고 주가다. 2023년 3월에 주가는 2.9만 원이었는데, 2025년 7월 장중에는 5.9만 원까지 올랐다. 2203년 3월과 비교하면, 105% 오른 수치다. 통신사 3사 중에서 주가 상승률이 가장 높다. 증권사들은 목표 주가를 7.4만 원까지 상향했고, 대부분 매수 의견을 내고 있다.

KT는 2021년부터 매년 1,000여 명의 직원이 줄었고, 2년 만에 직원의 9.3%가 줄었다. 2024년에도 대규모 희망퇴직이 있었다. 인력 감축이 우리 사회에 미치는 파장은 적지 않았다. KT의 인력 감축 방식이 뉴스에 오르내릴 정도로 사람들의 관심이 컸다. 사회적 논란이 지속된 것도 사실이다. 그러나 냉정히 투자자 입장에서 본다면, KT의 고정비, 인건비 절감이 주가 상승에 플러스 영향을 준 것도 맞다. 인건비 효율화는 앞으로 KT뿐만 아니라 SK 텔레콤 등 다른 통신업체에서도 있을 것으로 보인다.

KT는 분기 배당을 도입하고, 1조 원 자사주 매입 후 소각하고, 자기자본이익률(ROE) 9~10% 목표, 영업이익률 9% 달성 등 주주와 기업가치를 끌어올리는 데도 신경을 쓰고 있다. 2025년 1분기 배당금을 주당 600원으로 결정했다. 2024년에 500원이었던 것과 비교하면, 20% 증가한 수치다. 2025년 연 배당은 2,400원이 될 것으로 추정된다. 2025년 7월 주가 58,000원 대비 배당률로 계산하면 4.1% 정도로 나온다. 2022년 배당률 23년 5.7%, 2024년 4.5%이었던 것과 비교하면 낮아지기는 했지만, 배당금은 2022~2023년 1,960원, 2024년, 2,000원, 2025년에는 2,400원으로 늘어나는 것을 볼 수 있다.

주가 흐름을 보면, 2020년 1.8~2,7만 원, 2021년에는 2.7~3.6만 원, 2022년은 3~3.9만 원, 2023년은 2.8~3.6만 원, 2024년은 3.6~4.2만 원, 2025년은 4만 원 중반에서 현재 5.9만 원까지의 구간을 보인다. 2020~2025년까지 꾸준히 우상향하는 모습이다. 앞으로도 주가 관리나 주주환원 정책은 계속될 것으로 보인다. SK 텔레콤 5: KT 3: LG U+ 2 비율의 점유율을 보인다고 했으나, 최근에는 아니라고 한다. 2025년 4월 기준으로 KT가 23% 점유율을 보이고, SKT는 40%대라고 한다. 특히나 최근 SKT의 유심 해킹 사태로 KT가 반사이익을 얻었다고 하니, 앞으로 어떤 변화가 있을지 지켜보는 게 좋겠다.

고배당주
코리안리

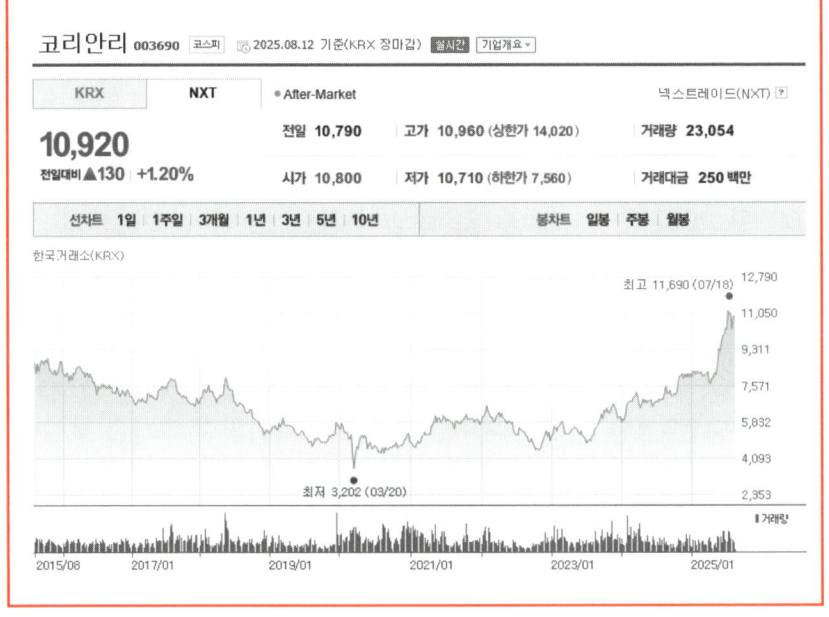

코리안리는 국내 유일의 재보험사로, 쉽게 말하면 보험사들을 위한 보험이라고 보면 된다. 전 세계 재보험사 시장에서 13위를 차지하고 있고, 뉴욕, 런던, 싱가포르, 도쿄, 베이징 등 주요 도시에 해외 지점을 두고 있으며, 해외 시장 개척에도 신경을 쓰고 있다. 특히 세계 최대 재보험 시장인 미국 시장에 공을 들이고 있다. 2022년 해외 수입보험 비중이 35%였는데, 2023년에는 40%로 늘어났다. 재보험 사업은 원보험사의 위험을 분산시키는 역할을 해서 일반 보험사보다 손해율 변동이 적고 안정적인 현금 흐름을 기대할 수 있다.

2023년 매출은 6.9조 원이었고, 2024년에도 비슷했다. 영업이익은 2023년 3,637억 원, 2024년 4,054억 원으로, 영업이익률이 5.2%에서 5.8%로 늘어났다. 순이익도 2023년 2,839억 원에서 2024년 3,167억 원으로 증가했다. 2025년에는 매출이 비슷하거나 소폭 상승할 것으로 보지만, 순이익은 전년 대비 소폭 감소할 것으로 전망된다. 이는 2025년 1월 미국 LA 산불 관련 손실이 반영되기 때문이라고 한다. 다만 이는 일시적인 현상으로, 일회성 마이너스라고 보면 된다.

코리안리는 국내 시장에서 사실상 독점적 사업 구조를 갖고 있어 경쟁자가 거의 없다. 그래서 국내 시장 점유율과 안정성 면에서는 믿을 만하다. 그렇다고 성장성이 크게 두드러지는 기업은 아니지만, 매출 실적이 급감하거나 상황이 급격히 나빠질 가능성도 적다. 한마디로 믿을 만한 기업이다.

2025년 5월에 무디스로부터 첫 국제 신용등급 'A1'을 획득한 뒤 주가가 제법 올랐다. 2024년 6월 6,475원이던 주가는 2025년 5월 26일 9,410원이었고, 2025년 7월에는 1.1만 원대를 넘었다. 그래도 여전히 저평가 구간에 있다고 한다. PBR은 약 0.5배 수준이다. 무디스로부터 양호한 신용등급을 받아 향후 추가적인 성장과 보험 영업이익(언더라이팅 마진) 개선을 기대할 수 있다. 언더라이팅 마진이란, 보험사가 받은 보험

료에서 손해액과 사업비를 제외하고 남는 이익을 뜻한다.

코리안리는 수익성 개선과 리스크 관리를 위해 해외 수재 비중을 늘리고 있다. 저마진 장기 통합특약 인수를 축소하고 보험 영업이익을 개선하기 위해 노력하는 중이다. 한화증권은 배당 성향을 30% 수준으로 가정할 때, 향후 3개 년 평균 기대 배당수익률이 7%대에 이를 수 있다고 전망했다. 배당이 7%를 넘는다는 건 매우 매력적인 수준이다. 그래서 코리안리 주식도 조금씩 사 모아 가는 게 좋을 것 같다.

9-7
고배당주
맥쿼리인프라

    2025년 7월 기준 맥쿼리인프라 주가는 11,500원대를 보이고 있다. 52주 최저가는 1만 원 초반대, 최고가는 1.2만 원대였으니, 현재 1.1만 원대는 나름 무난한 가격대라고 볼 수 있다. 목표 주가는 15,000원이지만, 과연 그만큼 올라갈 수 있을지는 의문이다. 그래도 고배당주라는 점에서 충분히 매력적이다. 배당은 매년 상·하반기 2번 지급하는데, 2020년 720원, 2021년 760원, 2022년 770원, 2023년 775원, 2024년 760원을 배당했다. 2025년에도 비슷한 금액을 줄 예정이다.

2023년에는 인천국제공항고속도로 통행료 인하가 있었으나, 주무관청으로부터 보전을 받아 실적에는 영향이 없었다. 2023년 10월부터 통행료가 6,600원에서 2,200원으로 인하되었지만, 매출 감소분을 '차액보전금'으로 보전받았다. 이처럼 여러 손실에 대한 안전장치를 맥쿼리가 두고 있다고 봐도 된다. 또한 유상증자를 통해 동부간선도로 지하화와 하남 데이터센터 등에 신규 자산 투자를 단행했는데, 이는 앞으로의 수익 기반을 미리 마련한 것으로 볼 수 있다. 이러한 투자는 향후 현금 흐름을 개선시킬 요인이다.

맥쿼리는 인프라 자산에 투자해서 수익을 내고 있는데, 항만, 도시가스, 철도, 유료도로, 교량, 터널 같은 사회기반시설에 투자해서 돈을 버는 구조다. 그래서 경기변동에 덜 민감하다. 19개의 국내 인프라 사업에 총 3.1조 원을 투자 중이다. 인천국제공항 고속도로, 인천-김포 고속도로, 우면산터널, 인천대교 등이 전부 맥쿼리가 관여된 곳이다. 포트폴리오로는 유료 도로가 53%라고 한다. 또한 하남 데이터센터에도 투자 중인데, 2026년에 본격 가동될 예정이다. 동부간선도로 지하화 공사도 진행 중이며, 2029년 완공 예정이다.

맥쿼리인프라는 차입금을 활용해 인프라 자산에 투자한다. 맥쿼리인프라가 직접 투자하는 개별 인프라 자산 법인(SPC: 특수목적 법인)들이 선순위·후순위 대출을 통해 자금을 조달하고, 가장 일반적인 방식은 회사채 발행이다. 높은 신용등급 덕분에 낮은 금리로 자금을 조달할 수 있는데, 앞으로 금리가 낮아질 가능성이 커서 차입금 상환 부담도 줄어들 것으로 보인다.

맥쿼리인프라를 고배당을 주는 주식으로 생각하고, 지속적으로 매수해서 갖고 가면, 안정적인 배당금을 받을 수 있다. 만약 금리가 급등하는 때라면, 배당 매력이 줄어들겠지만, 금리가 내려간다고 하면, 고배당을 보장해주는 꽤 매력적인 주식이다. 지금의 배당수익률도 수익률이지만, 장기적으로 배당금으로 재투자해서 계속 갖고 가기에 충분히 신뢰할 만한 종목이다. 그러므로 적극적으로 추천한다.

고배당주
무학

무학은 대한민국 대표 주류 회사로, '좋은데이' 소주가 주력 제품이다. 2006년 국내 최초로 16.9도 저도수 소주를 출시하면서 저도주 시장을 개척했고, 그 흐름을 성공으로 이끌었다. 당시 젊은 여성들이 '도수가 높은 소주 말고, 조금 더 부드럽고 가볍게 즐길 수 있는 소주가 있었으면 좋겠다'라고 생각하던 흐름을 먼저 읽어낸 것이다. 신선한 충격이었고, 그때부터 무학은 주류 시장에서 확실히 존재감을 드러내기 시작했다.

무학의 배당 성향을 보면, 2015~2021년까지는 0.6~2%대로 낮았다. 하지만 2022년에 4.5%, 2023년에 4.2%, 2024년에 7.8%를 기록하며 크게 높아졌다. 특히 2024년부터는 분기 배당을 도입했다. 주가 흐름을 보면, 2024년 8월 5,450원이던 주가는 2025년 6월 8,270원까지 올랐고, 7월에는 8,000원 중반대를 기록했다. 그러나 8월 들어서는 다시 7,000원대로 내려앉았다.

실적은 보면, 꽤 괜찮은 편인데, 그동안 주가는 지지부진했다. 2023년, 2024년 영업이익률은 11%, 순이익률은 44%, 32%였다. 결코 적은 수치가 아니다. 매우 좋은 편이다. 2025년 1분기 매출은 382억 원, 영업이익은 35억 원이었다. 전년 동기 대비 매출은 14.7% 증가, 영업이익은 31.1% 증가한 수치다. 2025년 2분기도 1분기와 실적이 비슷할 것이라고 한다. 코로나19 이후 유흥업소 영업이 정상화되면서 소주 판매량이 늘어난 효과라고 한다. 그래서 2025, 2026년의 실적도 나쁘지 않을 것으로 보인다. 배당도 괜찮을 것으로 조심스레 짐작해본다.

왜 갑자기 배당을 많이 해주는지 의아해하는 분위기가 있다. 오너 일가의 승계 작업 때문에, 증여세 납부를 위한 재원 마련 차원에서 배당을 많이 해주는 것이라는 의견도 있다. 현재 배당 총액의 절반 이상이 오너 일가에게 귀속된다고 한다.

다르게 이야기하면, 배당 성향을 보면, 2015~2021년까지는 0.6~2%대로 낮았다. 하지만 2022년에 4.5%, 2023년에 4.2%, 2024년에 7.8%를 기록하며 크게 높아졌다. 특히 2024년부터는 분기 배당을 도입했다. 주가 흐름을 보면, 2024년 8월 5,450원이던 주가는 2025년 6월 8,270원까지 올랐고, 7월에는 8,000원 중반대를 기록했다. 그러나 8월 들어서는 다시 7,000원대로 내려앉았다. 물론, 외부 투자 유치나 자금 조달의 필요성이 낮아 변화를 추구할 가능성이 적다고도 볼 수 있다. 아무튼, 무학은 저 PBR 종목으로, 배당 확대로 주주환원을 실천하는 중이다.

주류 산업은 경기 불황에도 꾸준한 매출을 유지하는 안정적인 업종으로, 무학 역시 '죄악주'로 불린다. 1945년 창립 이후 오랜 역사를 지닌 국내 대표 주류 회사라는 점, 그리고 '좋은데이'라는 확고한 브랜드 파워를 생각하면, 장기적으로 배당을 받으며 주주로 지내기에 괜찮은 종목이라고 본다. 특히 경남·부산 지역에서는 높은 점유율을 보인다. 다만 수도권과 기타 지역에서는 하이트진로의 '참이슬', 롯데칠성의 '처음처럼'과의 경쟁이 치열해 시장 확대가 쉽지 않다. 이 틈새를 무학이 조금이라도 넓혀갈 수 있을지가 앞으로의 관건이다.

고배당주
대신증권

    대신증권은 2025년 4월 초만 해도 주가가 15,800원대까지 밀렸었다. 그런데 불과 몇 달 사이에 급등해 7월에는 3.2만 원대를 보였다. 2배 이상 치솟은 셈이다. 하지만 8월 들어서는 다시 2.4~2.5만 원대를 보인다. 코스피가 2,280에서 3,200을 넘어선 것으로 볼 때, 주가 상승률보다도 월등히 높은 수치라고 할 수 있다. 2025년 하반기 주가는 3,500~3,800 사이를 보일 듯하다. 뉴스에서는 4,000까지 보는 전망도 있지만, 4,000은 너무 과하다고 개인적으로 생각하는데, 생각보다 오르는 속도가 너무 빠르다.

대략 2026년, 2027년, 2028년 상반기나 1분기까지는 상승세가 이어질 듯하다. 그러나 2025년은 이미 4~6월 사이에 너무 많이 올라 하반기에는 오름폭이 제한될 가능성이 크다. 그래도 증권사 예탁금 규모가 늘어나고, 빚투까지 더해지면서 투자 규모가 커질 테니 증권사의 수수료 수익은 늘어날 수밖에 없다. 코스피가 3,000선을 돌파한 뒤 증권업계 전체가 훈풍을 맞고 있다. NH투자증권은 연간 영업이익 1조 원을 넘길 것으로 예상되고, 미래에셋 1.3조 원, 삼성 1.2조 원, 키움 1.2조 원, 한국투자 1.5조 원 등 업계 전반이 분위기가 좋다.

대신증권도 마찬가지일 것이다. 대신증권은 2024년에 영업이익 836억 원이었는데, 2025년에는 1,890억 원으로 예상된다고 한다. 그런데 2025년 1분기 388억 원의 영업이익을 보여서, 2025년 1,890억 원은 어려울 것으로 보인다. 2021년 8,956억 원, 2022년 2,535억 원, 2023년 1,613억 원을 보였다. 2024년이 바닥이었고, 2025년, 2026년 시간이 지날수록 영업이익은 계속 늘어날 것으로 예상된다. 또한 당기순이익은 2024년에 1,442억 원, 2025년에 3,080억 원으로 전망된다. 그만큼 순이익의 증가가 엄청나다. 이익이 증가하는 회사이므로 관심을 갖고 지켜보는 게 좋다고 본다.

대신증권은 1998~2025년까지 무려 27년 연속 현금 배당을 이어오고 있다. 2024년 결산 기준 배당금은 1,200원으로, 2.4만 원 주가 기준 배당률은 5% 수준이다. 주가 상승 수혜도 있지만, 배당주로서도 손색이 없다. 배당 추이를 보면, 2010~2013년까지 4년 동안은 1주당 배당금으로 400원을 줬었다. 2015~2016년에는 600원, 2017년 750원, 2018년 900원, 2019~2023년에는 1,200원을 주었다. 2024년도 1,200원을 줄 가능성이 크다고 본다.

2025년뿐 아니라, 2026년, 2027년, 2028년 상반기까지 주가 흐름이 좋을 것으로 예상되므로, 증권사 주식 하나 정도는 갖고 있는 게 좋을 것 같다. 이왕이면 그중에서도 대신증권이면 어떨까 생각한다. 다만 2028년 하반기나 2분기부터는 주가 하락이 시작될 수도 있으니, 어느 시점에서는 차익 실현을 고려하는 게 좋겠다. 그리고 2029년이든, 2030년이든 한국 증시 주가가 많이 출렁거리고 대신 증권의 주가가 많이 내려갔다고 생각되면 다시 재매수해서, 배당을 노리는 게 좋을 듯하다.

대신증권은 2025년 7월 기준으로 발행 주식의 25.1%를 자사주로 보유하고 있다. 이는 정부의 자사주소각 의무화 법안 도입 기대감으로 자사주소각할 가능성도 있어, 향후 주가 상승 기대감이 더 있다고 봐도 무방할 것이다. 그러므로 지속적으로 매수하는 것이 좋겠다.

고배당주
한국토지신탁

한국토지신탁은 2020년 결산 기준 주당 90원, 2021년 100원, 2022년 90원, 2023년 70원, 2024년에도 70원을 배당했다. 2025년 역시 이와 비슷한 수준으로 배당할 전망이다. 당기순이익 대비 40~60%의 배당 성향을 꾸준히 유지해온 만큼, 주주환원 정책 기조를 쉽게 저버리지는 않을 것이다. 특히 최근 몇 년간 어려운 부동산 시장 상황 속에서도 배당을 계속해왔다. 아마 앞으로도 배당 정책은 쉽게 저버리지는 않을 듯하다. 그래서 나름 의미 있는 종목으로 보고, 투자해놓아도 될 것 같다.

2023년, 2024년은 당기순손실을 보였다. 투자 회사의 부진으로 인한 지분법 손실, 자산 건전성 부담에 따른 충당금 적립 등이 주요 원인이었다. 그러나 2025년에는 영업수익이 줄었음에도 불구하고 지분법 투자 이익이 크게 발생하면서 당기순이익이 흑자로 전환되었다. 다만 본업인 신탁 수수료는 여전히 부진한 상태다. 도시 정비사업 부문의 성장 모멘텀이 확보되면서 향후 긍정적인 실적이 기대된다.

다만 높은 금리, 부동산 PF 리스크, 미분양 증가 등 부동산 시장 악재가 지속될 것으로 보여 신탁 수수료 수익은 단기간 내 회복하기 어려울 것이다. 또한 동부건설과 같은 투자 회사의 실적 부진은 연결 재무제표에 부정적인 영향을 줄 가능성이 있다. 부동산 시장의 어려움이 주가 상승에 제약을 줄 것으로 보이지만, 그래도 좀 더 기대해도 나쁠 것 같지 않다.

주가 흐름을 보면, 2020년 주가는 1,000원대, 2021년에는 2,000원대까지 치솟았다. 2022년에는 1,400원대였고, 2023년에 1,200원대, 2024년에 1,000원대로 와르르 무너졌다가, 현재 2025년 8월 기준으로 1,200~1,250원대를 보인다. 2021년에는 연초에 1,000원대에서 시작해서, 연말에 2,000원 초반대까지 상승했다. 저금리 기조에, 부동산 시장 기대감 및 신탁 사업 실적도 괜찮았다. 그러나 2022년에 연초

2,000원대에 시작해 연말 1,400원대로 마감했다. 고금리 기조로의 전환, 부동산 PF 리스크 부각, 건설경기 둔화 우려 때문이었다.

2023년 1,000원에서 1,400원 사이를 오갔고, 2024년에는 1,000원대까지 주저앉았다. 그나마 2025년 들어서 1분기 실적이 턴어라운드되면서, 다시 기대감을 갖게 된 듯하다. 현재 1,260원 기준으로 배당이 전년과 동일하게 나온다고 가정하면 배당수익률은 5.5%로 적지 않다. 계속 배당을 줄지, 아니면, 1~2년은 못 주게 될지 따져볼 필요가 있다. 그러나 1~2년 배당 못 받는다고 해도, 상황이 조금이라도 나아지면 다시 배당해줄 가능성이 큰 종목이니, 멀리 내다봐도 나쁘지 않으리라 본다.

오르고, 내리는 것은
피할 수 없는 법

주식 시장에서 영원히 오르기만 하는 것은 없다. 올랐던 것은 언젠가 떨어지고, 떨어졌던 것은 언젠가 다시 오른다. 다만 그 시점을 우리가 알 수 없을 뿐이다. 그렇기에 사라지지 않을 기업, 폐업이나 상장폐지될 가능성이 없는 기업을 보유한다면, 시간이 지나 어느 순간은 반드시 올라가고, 또 어느 때는 내려가게 마련이다. 반대로 위험한 기업을 잘못 사면, 어느 날 휴지조각이 될 수도 있다. 주가가 오를 때는 끝없이 오를 것 같고, 내릴 때는 끝없이 추락할 것 같지만, 재무제표에서 영업이익과 당기순이익이 계속 플러스를 기록한다면 결국은 안정된다고 보면 된다.

주가가 대세 상승하는 구간은 전체 보유 기간 중 고작 8% 정도의 짧은 기간에 집중된다고 한다. 예를 들어, 100일 동안 주식을 보유했다면, 본격적으로 오르는 날은 8일 남짓이라는 이야기다. 문제는 그 시기를 우리가 전혀 알 수 없다는 데 있다. 그래서 무엇보다 자기 돈으로, 여유자금으로 투자하는 것이 중요하다. 그래야 오랫동안 기다릴 수 있고, 대세 상승 시기가 올 때까지 버틸 수 있다.

또한 주가가 너무 가파르게 오르면 조정을 받을 수밖에 없다. 그러니 단기간에 과도하게 올랐다 싶으면, 보유 물량의 3분의 1이나 4분의 1 정도는 매도해서 수익을 실현하는 것이 좋다. 계속 전량을 보유하고 가는 것도 방법이지만, 일정 부분은 차익을 확보해야 그 상승의 혜택을 실질적으로 누릴 수 있다. 그렇지 않으면 다시 반납하는 경우가 생기기 때문이다.

주가가 산 가격보다 내려가면 기분이 나쁘고, 올라가면 기분이 좋아진다. 그러나 이런 감정에 휘둘리면 결국 제대로 된 판단을 하기 어렵다. 오르내림은 당연한 것이므로, 너무 일희일비하지 않는 태도가 필요하다. 큰 수익이 나면 든든해지고, 큰 손실이 나면 머리가 아픈 것은 당연하다. 하지만 시간이 지나면 다시 회복할 수 있다는 확신과 기대감을 가진다면 기다릴 수도 있는 것이다. 그래서 무엇보다 자신의 마음을 잘 다스리는 게 중요하다.

누가 뭐라 해도 성적표, 즉 손익이 어떠한지에 따라 마음이 끌려갈 수밖에 없다. 그렇기에 재무 상태가 좋은 기업인지, 지난 10년간 배당금이 한결같았는지, 영업이익과 당기순이익은 어떤지, 매출과 판관비는 어떠했는지 등 각종 지표를 꼼꼼히 살펴야 한다.

수치는 성과의 결과물이다. 따라서 재무제표, 손익계산서, 현금흐름표 등을 꼼꼼히 확인하고 해석해야 한다. 그리고 나서 투자를 계속 유지할지, 아니면 빠져나올지 고려하는 것이 좋겠다.

주식으로 돈 벌기
무진장 어렵다

　주식으로 돈 벌기는 정말 빡세다. 냉정히 투자해야 손해를 보지 않는다. 온갖 투자 기법, 심리 요법, 투자 요령 등이 있어도, 내가 어떤 결정을 하느냐에 따라 결과가 달라질 수 있다. 그러므로 항상 나에게 맞는 방법을 찾아서 현명한 선택을 해야 한다. 함부로 남을 따라 할 생각은 버려야 한다. 그 방식은 다른 사람에게 맞는 방법일 뿐, 나에게는 적합하지 않을 수 있다. 그것을 인정할 줄 알아야 한다. 그래야 돈을 잃지 않는다.

　그리고 내가 아무리 이성적으로 판단하려 해도, 흥분해서 한 번 실수하면 그동안 얻은 수익을 다 날릴 수도 있다. 100번 잘해도 한두 번 삐끗하면 그냥 무너진다. 다 날릴 수도 있다. 그래서 정말 신중해야 한다. 잘 모르면, 가만히 있는 게 최선이다. 모르면서 설쳐대고 나대면, 그냥 바보 된다. 그러니 보수적으로 움직이는 게 제일 낫다. 한번 사면 10년 이상 가져간다는 마음으로, 돌부처처럼 움직이지 않는 게 최고다.

　한번 사면, 잊어버리는 게 좋다. 평생 그 주식의 주주가 되겠다는 마음으로 가야 한다. 최대한 사고파는 횟수를 줄이는 게 좋다. 제일 좋은 것은 사놓고 잊어버리는 것이다. 차트를 보지 않고 1년에 한 번 정도만 확인하는 게 가장 좋다. 그런데 말이 쉽지, 실제로 투자해놓고 나면 그게 잘 안된다. 하루에 1번만 보는 것도 아주 적게 확인하는 것일 수 있다. 시간 날 때마다 들여다보고, 조바심이 나서 다른 일을 못 하겠다는 생각이 들면 문제가 있는 것이다.

주식은 사놓고 잊어버리고, 내 본업에 충실한 게 제일 낫다. 본업에 시간을 쓰고, 어떻게 하면 내 일을 잘 할 수 있을지 고민하고 궁리하는 게 좋다. 내 일상을 잘 챙기는 쪽으로 움직여야 된다는 것이다. 본업에 충실한 모습을 보여야 본업에서도 일이 잘 풀리고, 투자도 안정적으로 될 가능성이 크다. 내가 투자해놓은 주식에도 시간을 줘야 한다. 넉넉히 기다려줄 수 있어야 한다. 그래야 그 주식이 알아서 돈을 벌어다 줄 것이다. 시장 상황이 어느 정도 맞아서 떨어지면, 주가는 알아서 올라갈 것이다.

또한, 다른 사람들의 투자 실수를 반면교사 삼아, 나는 어떻게 하는 게 좋을지 따져보는 습관이 필요하다. 최대한 결정을 적게 하고, 신중하게 가는 것이 살아남는 길이다. 나는 수익률이 5%, 10%인데, 옆 사람이 100%, 150% 벌었다고 하면 괜히 조바심이 생긴다. 나도 뭔가를 해야 할 거 같고 가만히 있으면, 나만 손해 볼 거 같은 기분이 든다. 그래서 돈을 더 집어넣고 불리려 한다. 그러나 남의 수익률에 흔들리지 말고, 내 확신과 소신을 믿으며 기다리는 편이 훨씬 낫다. 반드시 그것을 명심해야 한다.

영원히
망하지 않는 게 최고다

당연하고 뻔한 이야기지만, 돈 버는 건 정말 쉽지 않다. 그리고 그렇게 번 돈을 지키는 건 더 어렵다. 사람들은 언제나 쉽게 돈을 벌고 싶어 한다. 특히 지금처럼 주식 시장이 상승세를 탈 때면, 누구나 환상과 희망에 사로잡힌다. 그러나 냉정히 말해 주식 투자로 돈 버는 사람은 소수다. 대세 상승장에서는 마치 모두가 돈을 버는 것처럼 보인다. 그래서 너도나도 빚을 내서 판돈을 더 키우고, 더 큰 수익을 노린다. 욕심은 끝없이 불어난다.

이미 코스피는 3,200을 넘어섰고, 연말에는 4,000을 돌파할 거라는 전망이 나온다. JP모건은 한국 증시가 5,000까지 가는 것도 무리가 아니라 했고, 언론에서는 6,000도 가능하다는 열기를 띄운다. 사람들은 흥분하고, 주식 이야기에 열광하며, 실제로 수익을 맛본다. 그래서 더 벌 수 있을 거라는 확신에 가까운 기분까지 든다. 마치 누구나 부자가 되고, 평생 돈이 끊임없이 들어올 것처럼 느낀다.

그러나 주식 열풍은 어느 시점이 지나고 나면 거짓말처럼 사그라든다. '무슨 일이 있나? 왜 갑자기 꺾이지?'라는 생각이 들지만, 조짐은 아주 작은 데서 시작된다. 그리고 서서히 좋았던 분위기가 이상하다며 의아해한다. 좀 더 지나면 의심하는 사람들도 생겨난다. 항상 마음을 단단히 먹고 지내야 한다. 주식 시장이 호황일 때든 냉각기일 때든 우리는 계속 살아가야 한다. 그래서 아무리 주식 시장이 최악일 때도 흔들리지 않을 단단한 내공을 갖춰야 한다. 주식 시장은 좋을 때도 있고, 안 좋을 때도 있다. 매일 주식 차트를 보면서 일희일비하다 보면, 일상 생활에 집중을 못 하게 된다.

자기 돈이 적게 들어가 있으면 적은 대로, 많이 들어 있으면 많은 대로 신경이 쓰인다. 주식 시장에서 영원히 머무르는 방법은 주식에 투자하고 잊어버리는 거라고 어느 주식 대가가 말했다. 매일 들여다보면 우리의 마음이 같이 요동친다. 오랫동안 주식 투자를 한 전문가들도 자신의 마음이 쉽게 흔들린다고 말한다. 이게 현실이다. 세상에 만만한 일은 없다. 처음엔 쉽게 버는 것 같아도, 좀 지나고 보면, 손실을 보고, 괜히 투자했다고 후회하는 사람이 늘어나게 된다.

지금 주가가 대세 상승 바람을 탔다고 해도, 어느 시점이 되면, 하락하는 때도 온다는 것이다. 개인적인 생각으로 2026년, 2027년까지는 계속 상승세가 이어질 것이라 본다. 그러나 2028년 하반기부터는 언제든 하락할 여지가 있으니, 조심하는 것이 좋겠다. 항상 살얼음판을 걷는 심정으로 투자하자. 그래야 우리네 일상이 파탄 나지 않을 것이다. 남들이 나보다 얼마나 더 벌었는지 비교하지 말고, 자신이 투자해서 얻은 수익에 감사하며, 항상 잃지 않는 투자를 하면 좋겠다.

주식도
망하는 시기가 온다

일본에는 20년째 사료 밥을 먹으며 일하는 이들이 많다. 사료 밥만 먹으며 빚 때문에 은행에 돈을 갖다 바쳐야 한다. 지금 상태를 어떻게든 유지하려고 안간힘을 쓴다. 지금보다 신용등급이 더 떨어지고 채권 추심까지 당하면 인생에 정말 답이 없기 때문이다. 일본에서는 빚져서 도망 다니는 이들도 많다. 일본 버블붕괴 이후에 난리가 난 것이다. 부동산 붕괴는 사람들이 많이 알고 있는데, 주식 투기로 손해를 본 사람들에 대해서는 관심이 덜한 거 같다. 일본의 각종 기간 시설들이 민영화되면서 대중교통 이용 비용도 커져 이동의 자유도 제약을 받게 되면서 오직 일만 하며 노예처럼 사는 이들이 적지 않다.

휴가도, 여행도 가지 못하고 그저 자신이 사는 지역 안에서만 머물며 일한다. 그들은 매우 소심하다. 단카이 세대 수백만 명은 한때는 주식 투기에 열을 올리며 부동산을 마구 사들였다. 그러나 주가가 폭락하고 믿었던 기업의 주식이 휴지조각 되면서 빚진 돈 때문에 노예 신세로 전락하게 된다.

한때 일본에서는 주식으로 돈을 번 이들이 엄청나게 많았다. NTT 주가가 수십 배나 올랐으니, 그 당시에는 주식 투자만 하면 누구나 노후를 안락하게 보낼 수 있으리라 믿었을 것이다. 그러나 현실은 달랐다. 과도한 욕심은 결국 폭락으로 이어졌고, 강제 처분당한 계좌에는 휴지조각이 된 주식만 남았다.

그렇게 막대한 손실을 입은 주식 투자자들이 지금 돈이 없어서 편의점에서 가장 저렴한 인스턴트 음식을 사 먹으며 연명한다. 끼니를 대충 때우고, 시간을 아껴가며 다시 일한다. 퇴근 후에도 또 아르바이트를 하며 돈을 벌어야 한다. 일 년 365일, 오로지 일만 하면서 20년째 빚을 갚아가는 것이다. 빚내어 무리하게 주식에 투자했다가 폭망한 탓이다. 한때 일본인들은 지긋지긋한 직장인 생활에서 벗어나려고 주식 투자를 했다. 하루빨리 은퇴하려고 한 것인데, 되려 더 오랫동안 일하는 처지가 되었다. 그들은 나이가 들어도 일을 그만둘 수 없다. '어쩌면 정부가 일을 그만두지 못하게 하려고 그런 건가' 하는 의심이 들 정도다.

그들은 회사의 톱니바퀴로 전락한 '사축(社畜)'이 되었다. 자기 의지와 인생을 내려놓은 채, 그저 시키는 대로 일하는 존재로 살아가야 했다. 일본에서 벌어진 이 비극이 한국에서 반복되지 않으리라 누가 장담할 수 있을까.

이미 부동산 '영끌'로 무너진 삶이 속출하고 있다. '그다음은 주식 시장이 될까?' 하는 우려가 드는 이유다. 빚을 내지 않고, 적은 돈이라도 아끼고 절약하며 투자한다면 괜찮다. 그러나 무리하게 빚까지 내어 투기에 나서는 순간, 지옥 같은 현실이 닥칠 수밖에 없다. 지금 한국은 주가 폭등과 부자 열풍으로 들떠 있다. 모두가 흥분해 올라타고 있지만,

그것이 진정한 투자일지, 아니면 위험한 투기일지는 두고 볼 일이다.

앞으로 주식 시장이 호황을 구가하는 시기는 몇 년 남짓일 것이다. 그 몇 년간 돈을 잘 불려서, 안전하게 살 궁리를 하는 게 좋겠다. 호황이 지난 다음에는 하락은 올 수밖에 없다. 이제 상승세 초입이라, 이런 말이 이르다고 느끼는 이들이 많을 것이다. 그러나 시작이 있으면 끝도 있는 법이다. 그렇기에 항상 조심하고 또 조심하는 수밖에 없다. 언제든 위기는 나에게서부터 시작되는 법이다. 내가 나의 적이 되기 쉽다. 그러므로 항상 깨어 있고 경계하고 의심하고 확인하고 또, 확인해라. 그래야 살 수 있다. 곧 주식이 망할 시기가 올 것이다. 조심해야 하겠다.

무조건 통장에
돈이 있어야 한다

　이제는 정말 현금이 있어야 한다. 집으로 부자가 된다는 말은 믿지 않는 게 좋겠다. 왜 선진국 국민의 자산 비중이 '부동산 20 : 현금성 자산 80'인지 잘 생각해봐야 한다. 그들이라고 과거에 부동산 투기를 안 했을까? 주식 광풍을 경험하지 않았을까? 다 경험했다. 그러고 난 뒤에 알게 된 것이다. 욕심이 과하면 망한다는 것을. 지금 우리나라의 경제 상황은 정말 안 좋다.

　일본도 그랬다. 1987년 무렵, 일본에서는 현금을 들고 있으면 바보 취급을 받았다. 마이너스 통장을 파서라도 주식과 부동산 투기에 뛰어드는 게 당연한 분위기였다. 그러나 1990년대 초 거품이 붕괴하면서 모두가 초죽음을 겪었다. 지금의 일본인들은 그 경험 이후로 소비를 극도로 줄이고, 돈을 쓰지 않는다. 들어오는 돈은 모두 '인 마이 포켓'으로 넣고, 절대 쓰지 않고 저축한다. 현금이 없으면 생존할 수 없다는 것을 뼈저리게 알게 되었기 때문이다.

　그리고 이제는 한국 국민이 그와 같은 일을 경험하게 될 것이다. 물론 그전에 주식 거품, 부동산 거품을 엄청나게 키울 것이다. 지금은 부동산 말고 주식 거품이 크게 부풀어 오르는 시기다. 그래서 다들 흥분해 있다. 그러나 잘 생각해봐야 한다. 여차하면 정말 굶는 일이 생길 수도 있다.

영끌이니 빚투, 마이너스 통장에 기대는 삶은 언제든 무너질 수 있는 위험한 선택이다. 지금은 주식 시장 호황으로, 돈을 버는 것처럼 보이지만, 잘 따져봐야 한다. 정말로 돈을 번 것인지, 투자로 얻은 수익이 있다면 원금은 안전한 곳에 옮겨두었는지, 혹은 여전히 위험에 노출된 채 착각 속에 빠져 있는 건 아닌지 스스로 점검해야 한다. 그래야만 안전하게 살 수 있다. 큰돈을 빌려 투기하며 집과 주식을 사두고, 그저 부자가 된 것처럼 착각하면 안 된다.

무조건 통장에 돈이 있어야 한다. 세상에서 사람답게 살려면 현금이 있어야 한다. 고소득자든, 의사든, 직업이 무엇이든 상관없다. 결국 버티게 해주는 건 오직 현금뿐이다. 라면값, 우윳값, 쌀값까지 모두 오르고 있다. 대출도 이제 과거처럼 쉽게 나오지 않는다. 불과 얼마 전까지만 해도 몇 억 원씩 빌릴 수 있었는데, 이제는 꿈같은 이야기다. 공무원도, 대기업 직원도 수억 원씩 빚내던 시절은 갔다. 이제는 증권사들이 대출을 홍보하며 '투자하라'고 부추긴다.

지금은 주식 때문에 대출받는 2030들이 엄청 많다. 자기 돈인 것처럼 마음껏 대출을 내서 투자한다. 물론, 지금 분위기로는 그렇게 해도 돈을 벌 수 있을 것 같지만, 정신 차려야 한다. 냉정해야 한다. 그래야 자기만의 길을 만들고, 주식 시장에서 자산을 늘릴 수 있다. 하지 말라는 게 아니다. 욕심을 너무 많이 부려서는 안 된다는 것이다. 월급 200만 원 받으면서 대출 3,000만 원, 5,000만 원 내서 빚투하면 안 된다. 오직 자기 돈으로 해야 안전하게 오래 갈 수 있다. 요즘에는 수입이 없는 주부까지 나서서 주식 시장에 뛰어든다. 하지만 최대한 자기 현실을 인정하며 주식 투자를 하는 자세가 필요하다.

선진국 국민들이 철저히 절약하고 검소하게 사는 이유가 무엇이겠는가. 이미 비극과 비참함을 겪었기 때문이다. 그래서 현금을 가장 중요하게 여기고, 고배당 우량주 같은 안전한 투자를 추구한다. 선진국은 기본급의 나라다. 기본급으로만 살아야 한다는 것을 안다. 남이 뭘 하든 신경 쓰지 않고 자기 삶을 챙기며 살아간다. 선진국 국민들이 검소하게 사는 것은 다름 아닌 학습과 경험 때문이다. 믿을 게 주머니 속의 돈밖에 없음을 잘 아는 것이다. 점심 먹고 매일 스타벅스 커피를 마시는 습관부터 줄여야 한다. 그리고 현명하게 절제하며 살아야 한다. 그래야 목숨줄 같은 돈을 지키고 늘려갈 수 있다.

어려운 시기를 버티는 힘이 있어야 한다.
때를 기다린다

앞으로 여러 채널에서 주식 시장에 뛰어들라고 펌프질할 것이다. "지금이 기회다, 지금 들어와야 한다"라는 말이 쏟아질 것이다. 사실 나 역시 2025년 하반기는 아직 바닥 구간이라 생각한다. 지난 몇 달간 급등했지만 최근에는 숨 고르기 국면에 접어든 듯하다. 그러나 상법 개정이 통과되었고, 기업들이 이를 의식해 주주환원 정책을 강화하며 과거와는 다른 모습을 보여줄 것이다. 그 흐름 속에서 주식 시장은 점차 더 좋아질 가능성이 크다. 나는 대세 상승이 2026년, 2027년, 2028년 상반기까지 이어질 것이라 본다. 그렇기에 꾸준히, 자신의 여윳돈으로 투자하는 것은 좋은 선택이다. 다만 한 가지는 잊지 말아야 한다. 절대 무리하면 안 된다.

2028년 상반기까지는 성실히 주식 시장을 경험하며 배워가는 기간으로 삼으면 좋겠다. 돈을 좀 벌었다고 흥분하지 말고, 더 욕심부리지 않겠다고 다짐하며 늘 스스로를 돌아봐야 한다. 들어온 돈에 들떠서 빚을 내거나 더 과하게 투자하는 순간 무너질 수 있다. 쉽지 않겠지만, 과거에 수익을 냈던 기억이 욕심을 자극한다는 사실을 늘 경계해야 한다. 2028년이 지나가고 2029년이 되어도 더 오를 거 같다는 생각에 주식 시장에서 완전히 빠져나가는 게 어려울 수 있다. 그래도, 나와야 한다. 어느 시점에는 손절하고 나와야 한다.

함부로 계속 오를 거라고, 믿으면 안 된다. 대형 호재가 앞으로 몇 년간 영향을 미쳐서 주가가 오름세를 보일 것은 분명하다. 그러나 산이 높으면 골이 깊은 것처럼, 어느 시점이 되면 가파르게 오른 것은 꺾인다. 지금은 흥분하지 말고, 차분히 지켜봐야 한다. 몇 년 전, 코로나 팬데믹 때에 삼성전자가 10만 전자 된다며 엄청나게 사들인 개미들이 많다. 지금 주가가 6~7만 원대라는 것을 생각하면, 여전히 손실 구간에 있는 이들이 적지 않을 것이다.

삼성전자 주주가 되었다고 하면, 비쌀 때도 사고, 쌀 때도 사서, 평생 갖고 간다고 하면, 나쁘지 않다. 그렇게 평생 주식 수를 모아간다는 생각이라면 정말 괜찮다. 주가가 내려가면 내려갈수록, 더 기회라고 생각하고 평생 담아놓고 간다는 생각으로 접근하는 게 제일 좋은 모습이다. 삼성전자는 좋은 주식이다. 그 좋은 주식을 싸게 살 수 있다면 더없이 좋은 일이다. 기다리면 언젠가는 낮은 가격에 살 기회가 찾아온다. 무리하게 욕심부리면서 주가가 더 오르기를 기다리기보다, 평생 주주가 되겠다고 마음먹으면 좀 다르게 보이지 않겠는가?

정말 매력적인 가격대가 안 올 수도 있다. 그런데 기다리면서 배당받고, 두고 보다 보면 언젠가는 내가 산 가격대를 회복할 때가 온다. 물타기처럼 계속 사 모으다 보면 평단가가 낮아질 수도 있고, 또 배당금이 들어오면 재투자해도 되고, 서둘러서 사고팔고만 않아도 나쁘지 않을 것이다.

그러니 긴 호흡으로 가는 게 좋겠다. 여유를 갖고 기다릴 수 있으면 주식 투자로 인한 수익은 나쁘지 않을 것 같다. 사서 평생 갖고 간다고 마음먹으면, 좀 더 신중해지지 않겠는가. 코스피가 떨어지면 정말 알짜 주식들을 살 기회가 온다고 생각하고, 항상 현금을 가지고 있는 것이 좋다. 기다릴 줄 아는 이가 못 기다리는 이의 돈까지 가져가는 게, 주식 시장 같다.

남들이 욕심부릴 때 조심하고, 남들이 두려워할 때 나서야 한다

겨울이 다가오고 있다. 경제적인 겨울 말이다. 돈 있는 사람들은 돈이 썩어가고, 돈 없는 사람들은 돈이 없어 밥을 굶고 있다. 이것이 지금 우리의 현실이다. 부동산 경매 물량도 엄청나게 쏟아지고 있다. 그런데 주식 시장은 훈풍이 분다. 왜 이렇게 되었을까? 새 정부가 지금의 경제 상황에서 사람들의 눈과 귀를 가리고 소비를 진작시킬 방법은 주식 시장 부양밖에 없다는 것을 너무도 잘 알고 있어서이다. 그래서 주식을 띄운다. 생각보다 경제적인 어려움을 겪는 사람들이 많다. 대출 이자 부담이 더 늘어서 어려워지는 사람들이 많아질 것이다. 분위기가 좋은 게 없다. 다 엉망이고 난리다.

그런데 희한하게 주식 시장만 좋다. 이를 어떻게 봐야 할까? 이를 좀 냉정히 살필 필요가 있다. 살아남으려면 상황을 비관적으로 봐야 한다. 부정적인 사고가 나쁜 게 아니다. 냉정하게 현실을 바라봐야 한다. 여차하면 망할 수 있다. 정신 차리고 지내야 한다. 재미없게 사는 게 최고다. 무엇이든 신중히 생각하고 질문도 하고 찾아보면서 결정해야 한다.

아주 천천히, 조심스럽게 가는 것이 지금 우리가 취할 길이다. 이미 대규모 파산의 조짐이 보이고, 금융권은 대출을 조여오고 있다. 그래서 많은 이들이 힘겨워한다. 부동산 시장은 이미 찬바람이 불고 있고, 경제 상황은 결코 가볍지 않다. 지금은 "괜찮다"라는 안일한 말로 넘길 수 있는 때가 아니다.

경기가 얼마나 심각하면 전 국민에게 지원금을 뿌렸겠는가. 배고파서 밥도 못 먹는 사람들에게, TV나 냉장고를 살 여력이 어디 있겠나. 장사는 안 되고, 소득은 줄어드니 구매 수요가 살아날 리 없다. 그러니 어떻게든 버티라고 지원금을 준 것이다. 2025년 7월 말에는 영화 할인권도 배포했다. 이유가 뭘까? 영화 보러 간 김에 근처에서 밥도 먹고 술도 먹으라고 일부러 뿌린 것이다. 그렇게 해서 소비를 조금이라도 늘리게 만드는 것이다. 그리고 더 나아가, 주식 시장의 호황을 만들면, 그나마 사람들이 돈 벌었다는 생각에 소비를 조금 더 하지 않겠는가?

사람들이 소비를 조금씩 늘리는 지금, 우리는 더욱 유심히 지켜봐야 한다. 다들 자기 돈으로 소비를 하는 것인지, 그냥 공짜 돈이 생기니 소비하는 것인지를 잘 살펴야 한다. 또한 지금 같은 시기에 함부로 대출을 받아 투자에 나서는 것은 굉장히 위험하다. 정말 조심하며 자산 시장에 접근해야 한다. 혹자들은 지금 같은 때에는 빚투를 해야 한다고 말한다. 그런데 빚내는 것은 꺼리는 게 맞다. 그래야 안전하게 살 수 있다.

현재의 경제 상황을 더욱 숨죽이고 지켜봐야 한다. 언제든 삶이 순식간에 바닥으로 내동댕이쳐질 수 있을 만큼 힘들고 어려운 시기다. 주식 시장이 상승세라고 우리 경제가 살아나는 것으로 착각하면 곤란하다. 절대 좋은 상태가 아니다. 미국과 관세를 15%로 매듭지었다. 앞으로 한국의 주요 기업들이 미국으로 대규모 이전하는 건 기정사실이다. 그러므로 조용히, 조심하며 주식 시장을 관찰해야 할 것이다. 지금부터 몇 년간, 주식으로 돈을 벌 큰 기회가 온 게 맞다. 그렇기에 더 흥분하지 않고 냉철하게 들여다봐야 한다.

주식 시장 열풍은 계속될 것이다. 대략 2026년 하반기가 되면 더욱 미친 듯이 날뛸 것이다. 상법 개정이 2025년 7월 중에 통과되었다. 그리고 실제로 그 효과가 주식 시장에 영향을 미치게 되면, 주식 시장의 상승세가 가속화될 것이라고 본다. 아직 사람들이 탐욕을 부리는 것 같지는 않다. 여기저기에서 돈 벌었다고 흥분하고 소비가 늘어나고, 더 돈을 빌려서 집어넣는다고 하는 이야기가 나올 때가 올 것이다. 그때가 되면, 지금보다 주가도 더욱 올라 있고 사람들도 흥분해 있을 것이다. 그러니 조용히 지켜보자.

하루하루가 무섭다

　밑바닥 인생에는 희망이 없다. 어떤 힘든 현실이 닥칠지 몰라서 무섭다. 그래서 그들에게 하루하루는 고통이고 고난이다. 당장 내일 먹을 것을 걱정해야 하는데, 제대로 삶을 지속해나갈 수 있을까? 쉽지 않다. 가진 것은 없고 더 나은 삶을 살 자신도 없다. 그들에게는 희망과 기대가 없다. 그래서 매일 로또 복권에 미래를 건다. 그것 말고는 기댈 데가 없다. 빚투로 주식 투기하고 비트코인 사고 그것으로 인생 역전을 바라는데, 현실은 역전이 아니라 인생 폭망이다.

　그런 인생 패배자들과 얽히면, 내 삶 역시 금세 엉망이 될 수 있다. 그러니 사람을 가장 조심해야 한다. 그들의 탐욕 섞인 말에 놀아나서는 안 된다. '돈 벌 기회가 있다'며 주식을 권한다면, 오히려 의심해야 한다. 돈은 그렇게 쉽게 벌리는 게 아니다. 설령 단기간에 쉽게 번 것처럼 보인다 해도, 그 순간부터 진짜 지옥이 시작될 가능성이 크다. 내 돈을 빼먹으려고 수작을 부리는 자들은 언제나 많다. 그들이 말하는 대로 잘 흘러가면, 오히려 겁내야 한다. 더 두려워해야 하는 상황이다. 그들이 짜고 만들어놓은 것을 보고, 내가 흥분하게 되면 못 빠져 나온다. 아예 상종하지 않는 게 최고다. 그래야 우리 삶을 지킬 수 있다.

내 처지가 어려울 때 마음을 못 잡으면 진짜 힘들어질 수 있다. 사람들은 맨정신이 아닐 때는 요행을 바라는 어처구니없는 말에도 혹해서 넘어간다. 그러니 지금은 더욱 경계하며 지내야 한다. 바닥에 바짝 달라붙어 있어야 한다. 이번 경제 위기는 꽤 심할 것이다. IMF가 다시 온다고 보면 맞다. 그 정도로 상황이 심각하다. 지금 정부는 주식 시장에 거품을 일으키고 있다. 사방에 빚 가진 이들이 지천에 늘려 있는데, 얼마나 큰 폭탄을 만들려고 저러는 것일까? 겁난다. 누구에게 다 떠넘길까? 정해져 있다. 부화뇌동하는 개미들이 총알받이가 될 것이다. 2025년 4월, 코스피가 낮을 때 들어가서 이미 2배, 3배 수익 본 사람들이 다 빠져나와 그 수익을 지킬까? 아니면 또 들어가서 더 투자하고 있을까? 잘 생각해볼 일이다. 아마 돈맛을 봐서 쉽게 빠져나오기 어려울 것이다.

지금은 경제 대공황이 오고 있다. 두려워하는 게 맞다. 지금의 삶을 잘 지킬 생각을 해야 한다. 좀 냉정히 말하면, 빚지고 있고, 빚 갚느라 정신없는 경제 상황에 놓여 있다면, 주식 투자에 먼저 신경 써서는 안 된다. 그보다는 빚 갚고 일상생활을 바로잡는 데 집중해야 한다. 그게 순서다. 그래야 삶이 지켜질 수 있다. 지금은 함부로 요행을 바라면 안 된다. 현실을 직시하고 내 생계를 먼저 챙겨야 한다. 함부로 다른 사람에게 의지할 생각을 버려야 한다. 욕심과 욕망이 생기면 더욱 나 자신을 되돌아봐야 한다. 그래야 문제를 피할 수 있다.

투기와 욕망에 빠지면 대부분 빠져나오지 못한다. 결국 바닥이나 지하실까지 추락한 뒤에야 제정신이 돌아온다. 하지만 그때는 이미 인생이 무너져 있을 수 있다. 이번에 영끌, 빚투한 이들이 대거 몰락할 것이다. 그들이 우리 사회의 재물이 된다. 그러라고 기득권들이 이미 조작,

사기 프레임을 짜놓은 것이다. 걸려든 이들만 손가락질받을 것이다. 어리석게 투기했다고 말이다. 앞으로 얼마나 많은 이들이 무너지게 될까? 그들의 삶이 얼마나 바닥으로 추락하게 될까? 생각만으로도 두렵다. 겁난다. 그러므로 우리는 절대로 무리하게 빚내서 무엇을 하겠다는 생각은 버려야 한다. 그것이 우리의 삶을 지키는 최소한의 길이다.

세상에
휘둘리지 않는다

우리가 안전하게 살기 위해서는 세상을 공부해야 한다. 자산 시장이 어떻게 전개되는지 끊임없이 들여다보고 배워야 한다. 그래야 세상의 위협을 피하고 더 나은 삶을 추구할 수 있다. 좀 더 대비하고 더 낮은 자세로 살아야겠다. 함부로 욕심을 품지 않아야 한다. 더 생각하고 더 고민하고 행동해야 한다. 매사에 신중한 모습이 더욱 필요한 시대다. 언제 어떻게 몰락하고 충격을 겪을지 모른다. 그래서 항상 조심하고 대비하는 모습이 필요하다. 앞으로는 어떻게든 생존을 최우선으로 두고 지내야 한다. 아주 작은 것 하나도 소홀히 하지 않는다. 그래야 삶의 여유가 생길 수 있다.

주식 시장에서 쉽게 돈을 벌려는 생각은 버려야 한다. 경제적 자유, 파이어족 같은 화려한 말에 현혹되어서는 안 된다. 주식 리딩방에서 "한 달에 50%, 100% 수익 가능하다"라는 말에 혹하면, 그때부터 지옥이 열린다. 돈은 그렇게 쉽게 벌리지 않는다. 나만 특별한 기회를 잡았다는 착각하는 순간, 무너지는 건 순식간이다. 그래서 항상 의심하고, 확인하는 습관이 필요하다. 욕심은 사람의 삶을 무너뜨리는 무서운 힘이다. 평생 가져갈 기업을 보고, 단타를 기대하지 말아야 한다. 그런 마음으로 살아야 삶이 안전해진다.

나는 평생 주주로 지낼 수 있는 기업만 본다. 배당받으며 차분히 보유할 수 있는 종목들, 예컨대 대한항공, 진에어, GKL, 강원랜드, KT&G, 롯데칠성음료, LG생활건강, 맥쿼리, 한국전력, 종근당, 한국쉘석유 등 30여 개 기업을 정해놓고 꾸준히 모아갈 것이다. 물론 정기적으로 들여다보며 과도하게 오른 것은 일부 매도하고, 덜 오른 것은 매수하는 식으로 균형을 잡아야 한다. 빚내지 않고, 몇 년 이상 기다릴 수 있는 돈으로만 투자하는 것이 중요하다. 그래야 인내심을 발휘할 수 있다.

시세차익과 배당수익을 함께 보되, 과도한 쏠림은 조정하면서 최대한 균형감을 유지해야 하겠다. 지금처럼 단기간에 주가가 급등하면 흥분할 수 있고, 조바심이 생길 수도 있다. 그러므로 더욱 매수 시기를 나눠서 분할 매수하는 쪽으로 방향을 잡으려 한다. 한 번에 왕창 들어가는 일은 절대 없다. 지금처럼 전 세계가 경제 위기와 무역 분쟁으로 흔들리는 시기일수록, 안정적인 일상을 지키기 위해 신중해야 한다.

결국 중요한 것은 철저히 내가 공부하고, 평생을 가져간다는 마음으로 매수하는 것이다. 최소 10년 이상 보유하겠다는 생각으로 접근하면 좀 더 차분히 기업에 대해 들여다볼 수 있을 것이다. 그런 방식으로 매수하고, 보유하면 자산 시장의 추세에 휘둘리지 않고 최대한 나의 속도를 지키면서 자산을 관리할 수 있지 않겠는가. 단기 급등으로 큰 수익을 내겠다는 생각은 버리고, 매번 꾸준한 배당금을 받으며, 삶을 안전하게 추구하면서 노후를 보낸다면 얼마나 유쾌하겠는가? 큰 시세차익으로 인생을 역전할 생각하지 말고 그저 배당받고 배당수익으로 즐거워하며 살아가는 게 훨씬 낫다.

경제 불황 시대, 우리는 어떻게 살아야 할까

지금 경제는 심상치 않다. 서민들의 삶은 갈수록 힘겨워지고, 불황의 그림자가 짙게 드리워져 있다. 그런데도 언론은 여전히 영끌과 빚투를 부추긴다. "그래도 주식과 부동산은 남는다. 땅이 없어지거나 건물이 없어지는 게 아니다. 기업도 가치가 남을 수 있다"라면서 계속 부추긴다. 잘 생각하며 접근할 필요가 있다. 흥분해서 대거 뛰어들었다가 무너지는 경우가 많다. 특히 고점에 물리면 그 뼈아픔은 이루 말할 수 없다. 그래서 무엇보다 천천히, 차분히 살펴보고 분산 투자하는 것이 최선이다.

요즘 코인도 오르고 주식도 올라서, 주변에서는 돈을 벌었다는 소리가 들린다. 2025년 4월과 비교하면 주가가 50%, 많게는 100% 이상 뛰었으니 그런 말이 나올 만하다. 그러나 바로 그때가 더 위험한 순간일 수 있다. "나도 돈을 더 집어넣어야 하나?"라는 생각이 들 때일수록 경계해야 한다. 물반 고기반 같은 장세 속에서 나만 수익률이 낮다고 조급해하면, 결국 포모(FOMO)에 휩쓸려 더 큰 욕심을 내게 된다. 그리고 그 욕심이 결국 손실로 이어진다. 그러니 더욱 자기 심리를 다스리며, 차분히 시장에 머무는 태도가 필요하다.

힘든 현실은 너무 빨리 다가오고 있는데, 주식 시장만 따로 호황처럼 보인다. 실물경제와 달리 주식 시장에 거품이 끼면, 사람들은 앞뒤 가리지 않고 뛰어든다. 이럴 때일수록 정신 차려야 한다. 무엇보다 절대 빚투는 안 된다. 빚투는 지옥으로 가는 지름길이다. 한번 잘못 길들여지면, 언제든 추락할 수 있다. 마치 폭탄을 들고 전쟁터에 있는 것과 같다. 내 돈으로만 해야 내가 원하는 만큼 기다릴 수 있다. 남의 돈으로 하면, 결국 남의 생각과 의도에 휘둘리게 된다.

절망 속에서 희망을 찾고 희망 속에서 두려움을 가져야 한다. 지금처럼 주식 시장의 호황 속에서 우리는 더 기다리고, 더 조심하는 그런 삶의 습관을 가질 필요가 있다. 우리네 삶은 절대 쉽지 않고, 만만치 않다. 그러므로 정신을 집중해야 한다. 내가 투자하기만 하면, 다 돈이 벌리고, 더 벌 수도 있을 것 같다. 그러면서, 자꾸 목표 수익 금액을 올린다. 큰돈을 벌 수 있을 것처럼 착각하며 지내는 이들은 절대 오래 견디기 힘들다. 쉽게, 빨리 돈 벌겠다는 생각으로 뛰어들었다가 기득권들, 부자들에게 다 털리는 것이다.

사람들이 절망에 사로잡혀 힘들어할 때, 그때가 싸게, 헐값에 가질 수 있는 시기다. 반대로 너도나도 뛰어드는 시점은 오히려 조심해야 한다. 너무 많은 이들이 들어오면, 돈 벌 기회보다 호구가 되어서 돈을 털릴 가능성이 크다. 앞으로의 경제 상황은 밝지 않다. 절망과 충격, 부채 지옥의 시대가 올 것이고, 수많은 기업의 몰락과 M&A가 이어질 것이다. 본격적인 옥석 가리기가 시작되는 것이다. 그렇기에 주식 투자를 하더라도 반드시 현금을 쥐고 있어야 한다. 그래야 급락의 쇼크가 왔을 때 대응할 수 있다. 지금은 수십 년 만에 찾아온 큰 기회의 문이 열리고 있다. 그러나 그 기회 앞에서는 무엇보다 신중함이 필요하다.

　오늘날 많은 이들이 고용 불안, 힘든 취업, 노후 불안, 생활비와 물가 걱정 등으로 마음이 무겁다. 한국도 이웃나라 일본처럼 이미 '잃어버린 30년'에 접어들었다는 말이 들려온다. 미국은 한국에 3,500억 달러 규모의 투자를 요구하고 있고, 국내 내수는 고물가와 이자 부담으로 위축되며 사람들의 지갑은 더 굳게 닫히고 있다.

　이런 막막한 상황에 2025년 4월부터 한국 주식 시장이 살아나기 시작했고, 2025년 9월에는 주가가 3,500 가까이 다가가는 것을 보며, 사람들은 이제 코스피 4,000을 이야기하기도 한다. 감히 말씀드리건대, 2025년 하반기부터 2028년 상반기까지 약 3년은 한국 증시의 호황기일 가능성이 크다.

　이러한 주식 시장 기회를 놓치지 않기를 진심으로 바란다. 지금의 한국은 1980년대 말이 일본과 비슷하다. 당시 미국은 플라자 합의로 일본에 엔화 절상을 요구했고, 일본은 거절할 수 없었다. 그 결과, 1980년대 말 일본은 엄청난 호황을 누렸다. 주식 시장의 거품도 엄청났다. 그러한 모습이 지금 한국에서도 벌어지고 있다. 이제 시작이고, 앞으로 약 3년이라는 시간이 우리에게 주어진 것이다.

물론 이 시기에 아무 주식이나 사면 무조건 돈을 벌 수 있다고 말할 수는 없다. 이 소중한 시기에 오래 갈 수 있고, 정말 믿을 만한 종목들을 잘 선별해서, 투자하기를 진심으로 희망한다. 이 시기에 주가가 4,000을 넘어가고 4,500이 넘으면 사람들이 부화뇌동하고 흥분해서 영원히 더 우상향할 것으로 예상할 것이다. 그러나 바로 그때가 서서히 빠져나올 시기를 고민해야 할 때일지도 모른다.

세상에 그 어느 것도 영원한 것은 없다. 권불십년, 화무십일홍이라 하지 않던가. 앞으로 3년은 기대해도 좋지만, 그 이후에는 엄청난 조정 과정이 있을 것이다. 최소한 이 3년은 잘 활용해서 자산도 축적하고, 노후 준비도 해놓는 데 잘 활용하기를 바란다. 나 또한 이 시기를 잘 이용하려고 한다. 개인적으로 유튜브의 '박 홍기 작가 TV 삶 테크'와 'F 킬라' 채널을 자주 시청한다. 이 두 분의 영상을 통해 투자에 대한 통찰을 얻으며 많은 공부를 해왔음을 밝힌다. 시간이 된다면, 이 두 분의 영상을 참고하시면서 투자의 안목을 넓혀가기를 권한다. 단타보다는 실적 중심의 우량 주식을 중점적으로 다루시는 분들이기에, 안정적인 투자 기반을 다지는 데 큰 도움이 될 것이다. 나 역시 이분들의 영상에서 많은 인사이트를 얻고 있으며, 이를 바탕으로 앞으로의 몇 년을 더욱 현명하게 보내고자 한다.

아무쪼록 이 책을 읽는 여러분 모두가 자산 시장에서 지속적이고 안정적인 현금 흐름을 확보하시기를 진심으로 바란다. 이 책을 읽는 여러분과 내가 모두 자산 시장에서 안정적인 현금 흐름을 확보할 수 있기를 진심으로 바란다.

흔들려도 잃지 않는 주식 투자 전략
한국 주식 시장, 대세 상승기가 온다

제1판 1쇄 2025년 11월 25일

지은이 김태영
펴낸이 한성주
펴낸곳 ㈜두드림미디어
책임편집 최윤경
디자인 김진나(nah1052@naver.com)

㈜두드림미디어
등 록 2015년 3월 25일(제2022-000009호)
주 소 서울시 강서구 공항대로 219, 620호, 621호
전 화 02)333-3577
팩 스 02)6455-3477
이메일 dodreamedia@naver.com(원고 투고 및 출판 관련 문의)
카 페 https://cafe.naver.com/dodreamedia

ISBN 979-11-24026-03-8 (03320)

책 내용에 관한 궁금증은 표지 앞날개에 있는 저자의 이메일이나
저자의 각종 SNS 연락처로 문의해주시길 바랍니다.

책값은 뒤표지에 있습니다.
파본은 구입하신 서점에서 교환해드립니다.